# Was wir Euch noch sagen wollten

Besetzungen durch Verstorbene und deren Erlösung

Gudrun-Anna und Christoph Bauer

# Was wir Euch noch sagen wollten

Besetzungen durch Verstorbene und deren Erlösung

Lebenswerkstatt

1. Auflage Januar 2008

Copyright © Lebenswerkstatt
Gudrun-Anna und Christoph Bauer

Das Buch ist urheberrechtlich geschützt. Jede Verwertung außerhalb der engen Grenzen des Urheberrechtsgesetzes ist ohne Zustimmung des Verlags unzulässig. Das gilt insbesondere für Vervielfältigungen, Übersetzungen, Mikroverfilmungen und Einspeicherung und Verarbeitung in elektronischen Systemen.

Umschlagfoto: Ina Hinkelmann
Titelbildbearbeitung: Ivelina Popova
Zeichnungen und Fotos: Gudrun-Anna Bauer
Lektorat und Satz: Günter Alfred Furtenbacher
Druck und Verarbeitung: Druckerei R.N. Aubele GmbH

ISBN 978-3-00-023643-3

# Inhaltsverzeichnis

**Einleitung** ............................................................. 9
Warum schreiben wir dieses Buch?....................................... 9
Erklärung der psycho-energetischen Methode ............... 12

**Erstes Kapitel**
**Erste Konfrontation mit Besetzungen** ...................... 13
Gudrun-Annas eigener Fall .................................................. 13
Weiter mit Fallbeispiel Günther Meyer ............................. 20
Sorry, ich habe mich geirrt ................................................... 22

**Zweites Kapitel**
**Methodik und Entwicklung unserer Arbeit** ............ 27

**Drittes Kapitel**
**Ziel der Arbeit mit Besetzungen** ................................. 31
Der Fall Papandros ................................................................. 32
Erklärung zu Besetzungen .................................................... 34
Identifikation von Verstorbenen ........................................ 35
    Identifikation mit dem Arbeitsplatz ............................ 35
    Identifikation mit dem Auto ........................................... 37
    Die Lieblingsjacke .............................................................. 40
Identifikation mit Macht und Kontrolle .......................... 43
Behinderung der eigenen Lebensentfaltung ................... 44
    Selbstfindung und Selbstverwirklichung ................... 44
    Fremdeinfluss raubt Energie .......................................... 46
    Falsches Bemühen ............................................................. 49
    Lebenskrise seit Jahren ..................................................... 52
    Festhalten am Physischen ............................................... 54

**Viertes Kapitel**
**Was geschieht nach dem Tod?** ............ 57
Bewusstseinszustände Verstorbener ............ 58
Weitere ausgewählte Fälle aus unserer Praxis ............ 62
   Verstorbene mit falschen religiösen Vorstellungen ......... 62
   Hinterbliebene, die nicht loslassen können ............ 63
   Nicht vollzogene Trauerarbeit ............ 66
   Aufklärung über den Tod des Vaters ............ 69
   Abschied vom Sohn ............ 72
   Abschied vom Freund ............ 73
Festhalten Verstorbener am Irdischen ............ 77
   Sitzung mit Frau Birk ............ 77
   Sitzung mit Familie Wassermann ............ 79
   Sitzung mit Familie Eckner ............ 81
   Unsere eigene Erfahrung ............ 84

**Fünftes Kapitel**
**Symptome durch Besetzungen** ............ 87
Einzelne Symptome ............ 89
   Atemnot ............ 89
   Bronchitis mit beginnendem Asthma ............ 90
   Bronchitis, Lungenentzündung und Atemnot ............ 92
   Neurodermitis ............ 94
   Ängste mit Selbstzweifeln ............ 97
   Angst- und Panikattacken ............ 101
   Abnabelung – Ängste – Alpträume ............ 103
   Darmkrebs ............ 105
   Epilepsie ............ 108
   Schmerzen im Brust- und Lendenwirbelbereich ............ 110
   Bandscheibenvorfall und Existenzängste ............ 111
Besetzungsverdacht in Zeitungsberichten ............ 114

**Sechstes Kapitel**
**Erfahrungen mit verschiedenen Therapiemethoden ...... 117**
Arbeit mit dem inneren Kind – Selbstannahme ............... 117
Psychologische Beratung im weitesten Sinne ................. 118
Rebirthing ........................................................................ 119
Familienaufstellungen und ähnliche Methoden .............. 120

**Siebtes Kapitel**
**Hinweise zu Besetzungen aus der Vergangenheit ......... 123**
Gegenwartssituation ........................................................ 126
Die weitere Entwicklung ................................................. 127
Fragen an die Helfer ....................................................... 128

**Anhang**
**Biografische Anmerkungen zu den Autoren ................. 133**
Gudrun-Anna Bauer ........................................................ 133
Christoph Bauer .............................................................. 135

# Einleitung

**Warum schreiben wir dieses Buch?**

Manchmal scheint nichts mehr zu helfen: Wir achten auf gesunde Ernährung, achten auf unseren Körper und versuchen, gesund zu leben. Trotz allem gibt es zuweilen hartnäckige Symptome im Körper oder negative Gedanken und Gefühle, die uns beharrlich zu schaffen machen. Hier können äußere Ursachen auf uns einwirken, die wir bisher nicht genügend beachtet haben.

Was ist die Ursache dafür, dass Menschen, die sich weiter entwickeln möchten und dafür Seminare besuchen, sich oftmals sehr schwer tun und kaum vorankommen?

In meiner Tätigkeit als psychologischer Berater und Seminarleiter fiel mir auf, dass während der Sitzungen, doch hauptsächlich bei Seminaren, einige Teilnehmerinnen und Teilnehmer nicht mit sich selbst in Kontakt kamen.

Bei tieferen Annahmeübungen schliefen sie ein, oder der Verstand blockierte das Gefühl. Es schien manchmal, als hätten sie zwei verschiedene Seelen in ihrer Brust: die eine wollte lernen, deshalb nahmen sie teil; die andere blockierte. Damals glaubte ich, der Verstand habe wieder einmal gesiegt. Diesen Zustand kannte ich von mir früher auch, bis mir bewusst wurde, dass ich mich entscheiden muss, um etwas zu verändern. Manchmal dauert es eben etwas länger.

Als die gleichen Menschen weitere Seminare bei mir besuchten, fielen mir diese Verhaltensweisen wieder auf. Doch zu dieser Zeit hatte ich mich schon mit der Problematik von Besetzungen beschäftigt. Mir war Literatur zu dem Thema in die Hände gefallen, wodurch mein Blick sehr geschärft wurde. Oft sagte ich dann scherzhaft bei Seminaren, dass hier bestimmt um die Hälfte mehr Menschen im Raum sitzen würden, die andere Hälfte sei nur unsichtbar. Das fühlte ich damals schon, war mir aber meiner Wahrnehmung noch nicht sicher. Die Auswirkungen von Besetzungen waren mir seinerzeit auch noch nicht ganz klar.

Als ich mit Gudrun-Anna einige Jahre später unsere gemeinsame Praxis für psychologische Beratung gründete, begegnete uns das Phänomen der Besetzung immer häufiger. Je mehr wir uns in den letzten Jahren mit diesem Thema beschäftigten, um so mehr verstärkte sich die Wahrnehmung, dass wesentlich mehr Menschen durch Besetzungen beeinträchtigt sind, als auch in spirituellen Kreisen angenommen wird. Das erklärte uns, dass Menschen auch nach vielen Seminaren und jahrelanger Selbsterfahrung nicht wirklich weitergekommen sind. Und wenn doch, so hat es längere Zeit gedauert. Wir hörten oft den Satz: „Ich habe doch schon so viel gemacht." Etwas schien sie in ihrem Lernprozess gehindert zu haben.

Eigene Betroffenheit durch Besetzungen in der Aura und im Umfeld brachte uns darauf, weiter zu forschen. Was konnten wir tun? Mit Gudrun-Annas eigenem Fall haben wir begonnen. Sie nahm inzwischen ihren verstorbenen Vater sehr deutlich wahr und sprach mit ihm. Das war der Beginn ihrer hellsichtigen Arbeit.

Durch die psycho-energetische Methode, die Gudrun-Anna in der Praxis anwendet, wurde unsere Wahrnehmung sehr geschult. Bei vielen scheinbar psychischen und physischen Problemen erkannten wir als Ursache Besetzungen durch Seelen Verstorbener, meist aus der eigenen Ahnenkette.

Das veranlasste uns, intensiver zu hinterfragen. Jahrelange Forschungsarbeit mit gesicherten Ergebnissen ist die Grundlage, dieses Buch zu schreiben und unser Wissen weiterzugeben. Wir beschreiben, wie sich diese Beeinträchtigungen auswirken, an welchen Symptomen man sie erkennt und wie man damit verfahren kann. Aber nicht nur das Wissen, sondern auch die Möglichkeit der Hilfe um die Befreiung bieten wir an.

Der Inhalt dieses Buches beruht auf eigenen Erfahrungen und Gesprächen mit Verstorbenen. Grundlagen sind die medialen Fähigkeiten von uns beiden. Gudrun-Anna sieht die Verstorbenen, hört, was sie sagen, und nimmt ihre Gedanken und Gefühle wahr. Ich teste in der Aura mit Hilfe der Winkelrute.

Ein Großteil des Buches besteht aus authentischen Fällen aus unserer Praxis. Diese werden von Gudrun-Anna in Ich-Form erzählt. Die Namen der Personen wurden geändert. Im zweiten Kapitel stellen wir unsere Arbeit gemeinsam vor und machen die speziellen Beiträge von jedem von uns namentlich kenntlich.

Christoph Bauer

## Erklärung der psycho-energetischen Methode

Um unsere Arbeitsweise im Buch verstehen zu können, erläutere ich die psycho-energetische Methode.

Seit 1996 arbeite ich als Lebensberaterin in eigener Praxis. Über Gespräche mit den Menschen brauchte ich oft mehrere Sitzungen, um auf den Punkt zu kommen. Die psycho-energetische Methode führt direkt zu Ursachen, denn sie entdeckt diese über die Meridiane an den Fingern. Jeder Mensch hat seine Erfahrungen als Informationen in seinem Körper gespeichert. So ist es möglich, über das Körpergedächtnis die Ursache eines Symptoms aufzudecken. Dies können körperliche Symptome, unaufgearbeitete Kindheitserlebnisse, Probleme in der Familie oder am Arbeitsplatz, alte Glaubenssätze, Flüche, Anhaftungen von Seelen Verstorbener und vieles mehr sein. Innerhalb kurzer Zeit gelange ich schon in der ersten Sitzung auf den Punkt, weil diese Methode am Kopf vorbei direkt das Körpergedächtnis anspricht. Damit ist die Imagepflege und Abwehrreaktion des Verstandes umgangen.

Weiterhin unterstützt mich meine Medialität, um Seelen Verstorbener wahrzunehmen und mit ihnen zu kommunizieren. Flüche, Verwünschungen oder negative Gedankenmuster nehme ich ebenso wahr und benenne sie, so dass sie aus der Aura genommen und aufgelöst werden können. Damit kann in einer oder wenigen weiteren Sitzungen ein Thema vollkommen durchgearbeitet werden. Alte Glaubenssätze und negativ gespeicherte Körperinformationen werden gelöscht.

Gudrun-Anna Bauer

# Erstes Kapitel

# Erste Konfrontation mit Besetzungen

Mitten in der Sitzung mit Günther Meyer, einem Mann über siebzig, hatte ich plötzlich den Eindruck, mit zwei verschiedenen Personen zu kommunizieren. Mit Hilfe meiner psychoenergetischen Methode erhielt ich über die Fingermeridiane Zugang zu unbewussten Informationen. Mein Klient antwortete auf einmal ganz anders. Sein Verhalten veränderte sich, und das Gespräch bekam einen völlig gewandelten emotionalen Hintergrund als beim vorher Gesagten. Zunächst war ich verunsichert und hatte einen Verdacht auf Schizophrenie. Die Sitzung hatte ich hier vorerst beendet. Im anschließenden Gespräch mit Christoph bekam ich eine andere Sicht: es könnte sich auch um einen Fall von Besetzung handeln, da die Symptome dafür sprachen. Er hatte Bücher, in denen die Symptomatik von Besetzungen ausführlich behandelt wurde, vor Jahren gelesen.

**Gudrun-Annas eigener Fall**

Bis zu diesem Zeitpunkt hatte ich mein Augenmerk noch nicht auf Besetzungen von Klienten gerichtet. Ich selbst habe mich vor einigen Jahren mit diesem Thema auseinandersetzen müssen. Mein eigenes Erleben wurde mir während des Gespräches wieder deutlich, was ich an dieser Stelle zur Erläuterung schildern möchte. Ich glaubte bis zu diesem Zeitpunkt, ich sei ein Einzelfall.

Vor einigen Jahren stellte sich heraus, dass mein verstorbener Vater immer noch hier auf Erden in seinem feinstofflichen Körper weilte. Er hatte mich 18 Jahre lang wiederholt beeinträchtigt, ohne dass es mir bewusst war. Viele Jahre lang fühlte ich mich sehr großen Stimmungsschwankungen ausgesetzt, müde und energielos, bis auf einzelne bewusst geschaffene Höhepunkte. Ich war fest davon überzeugt, dass ich mir den Glückszustand immer wieder erkämpfen musste, weil er nicht andauerte, während ich den energielosen Leidenszustand für normal hielt. Außerdem schob ich mein Empfinden auf meine damalige familiäre Situation. Ich hatte gerade die Scheidung hinter mir. Mein Exmann war meinem Vater energetisch ähnlich. Auch deshalb hinterfragte ich meinen Zustand nicht genauer.

Wie ich schließlich darauf gekommen bin, dass mein Verhalten und meine andauernde Energielosigkeit doch nicht so normal waren, verdeutlichte einige Jahre später ein Umzug nach Süddeutschland. Kurze Zeit nach dem Einzug spürte ich schon, dass das Haus energetisch nicht in Ordnung war. Von außen sah es schön aus und war einladend. Trotzdem störte mich etwas, das ich noch nicht benennen konnte.

Nachdem wir einen Einführungsvortrag über Wasseradern und Globalgitter besucht hatten, waren wir natürlich neugierig, ob das der Grund für die Beeinträchtigung sein könnte. Es bestätigte sich, dass eine Wasserader unter der gesamten Breite des Hauses entlang floss. Man empfahl uns, wieder auszuziehen. „Nicht schon wieder umziehen", dachte ich zum damaligen Zeitpunkt. „Wir sind doch erst ein paar Monate hier." Und ich hatte wirklich genug vom Packen. Also versuchten wir, die Wasserader energetisch umzuwandeln, was uns auch zum großen Teil gelungen ist.

Trotzdem fühlte ich mich weiterhin unwohl und fror in den Räumen, obwohl es Sommer war. Ich bemerkte schließlich, dass in dem Haus eine Wesenheit sein musste, die sich bei mir aggressiv bemerkbar machte. Ich ahnte, wer das sein könnte: der ehemalige Besitzer, der vor etwa zehn Jahren in diesem Haus verstorben war. Ich erfuhr, dass er sich mit seinem Besitz sehr identifiziert hatte, deshalb konnte er nicht loslassen. Weil ich meine Wahrnehmung im Laufe der Zeit sehr geschult hatte, konnte ich ihn jetzt deutlich spüren. Ich fühlte, dass er sich immer noch als Herr des Hauses sah und uns nicht hier haben wollte. Jetzt verstand ich, warum ich in diesem Hause immer fror.

Zu dem damaligen Zeitpunkt glaubte ich noch, dass man Geister durch Ausräuchern mit Weihrauch vertreiben könnte. Wir haben vom Keller bis zum Dachstuhl jeden Winkel des Hauses ausgeräuchert und gereinigt. Zunächst einmal schien es besser geworden zu sein.

Nach einiger Zeit fühlte ich mich aber wieder matt und energielos, obwohl ich ausreichend Schlaf hatte. Hinzu kam, dass ich manchmal von einem Moment zum anderen aggressiv reagierte. Dieses Verhalten kannte ich von meinem Vater auch. Meine Aggressivität rechtfertigte ich damit, mich durchsetzen zu müssen, wenn ich etwas für richtig hielt. Oft genug hörte ich von meinem Mann, ich sei schon genauso wie mein Vater. Früher war ich stolz darauf, heute hasste ich diesen Satz.

Meine Energielosigkeit hielt an. Was mir auch immer häufiger zu schaffen machte, waren Zukunftsängste mit zunehmender Panik. Nachts wachte ich oft schweißgebadet auf und konnte keine Gründe für meine Panik finden. Obwohl ich mir immer wieder vornahm, jetzt endlich ganz in meiner

Praxis zu arbeiten, bewarb ich mich auf freie Stellen im Büro und nahm auch mehrere der Sicherheit wegen an, weil hier doch alles geregelter war. So konnte ich meine diffusen Zukunftsängste beruhigen. Anfangs fühlte ich mich beflügelt. Doch ich merkte schnell, dass das nicht meine Erfüllung war. Sobald ich solch einen Job angenommen hatte, wurde ich nach kurzer Zeit unzufrieden.

Mein anfangs erlernter Beruf war Industriekauffrau, das war der Wunsch meines Vaters. Ich sollte etwas Anständiges lernen, und das sei zweifellos ein Büroberuf. Ich tat, was er erwartete, und ließ meinen eigenen Berufswunsch fallen. Im Widerspruch dazu stand, dass die kreative Arbeit mit Menschen mir sehr viel mehr Freude bereitete. Das war es eigentlich, was ich schon immer tun wollte.

Schon früher hatte ich von Besetzungen gehört. Dass mein Vater längere Zeit nach seinem Tod noch bei mir, meiner Mutter oder meiner Schwester gewesen war, ahnte ich auch. Ich glaubte aber, er sei nur feinstofflich in der Wohnung anwesend und nicht in meiner Aura. Sein Tod war schon Jahrzehnte her, so dass ich nicht mehr vermutete, er könnte immer noch hier sein. Doch ich täuschte mich.

Zu meiner Energielosigkeit kamen noch geschwollene Augenlider und rote juckende Flecken im Gesicht, am Hals und Dekolleté. Ich ging zum Arzt, und er diagnostizierte es als Neurodermitis. Da ich in meiner Praxis Ursachenforschung über die Fingermeridiane betreibe, wollte ich bei mir selbst auch herausfinden, was denn die Ursachen für diese Symptome sind. Bevor ich dazu kam, verletzte ich mich an den Händen, so dass ich mit mir selbst nicht arbeiten konnte. Ich verstand dies als Selbstsabotage, kam aber zuerst nicht dahinter, warum das so war. „Ich muss mein Denken und Handeln noch aus der Prägung meines Vaters befreien", sagte ich mir immer wieder und meinte eigentlich, dies schon lange getan zu haben. Denn in den Augen meines Vaters war Psychologie etwas Idiotisches. Er war der Meinung, dass man so etwas nur brauchte, wenn man etwas wirr im Kopf sei.

Tage später spitzte sich die Situation zu. Mein ganzes Gesicht samt Hals und Dekolleté juckten und brannten, meine Nackenwirbel taten weh, und Kopfschmerz kündigte sich an. Mein Herz raste, kalter Schweiß rann mir am Körper herunter, und ich bekam nur noch schwer Luft. Ich geriet in Panik.

Obwohl wir am Abend zuvor wieder einmal alle Zimmer ausgeräuchert hatten, um das Haus von den negativen Energien zu reinigen, ging es mir nicht besser.

„Was konnte mich so lähmen?", fragte ich mich. Ich war mit den Umständen allein überfordert und suchte weitere Hilfe. Bei einer medial veranlagten Frau nahm ich eine Sitzung. Sie erkannte, dass mein Vater in meiner Aura saß und mich sehr beeinträchtigte. Jetzt war mir klar, warum ich oft so unschlüssig und energielos war. Aus diesen Zusammenhängen erkannte ich, wie mein Vater mich auch jetzt noch feinstofflich immer wieder zu manipulieren versuchte.

Das macht also eine Besetzung mit einem Menschen. Jetzt begriff ich das endlich! Und ich verstand auch, dass Seelen Verstorbener in die Aura eines Menschen eindringen können.

Was ich in dieser Sitzung noch begriff: Mein Vater wollte mich auch über seinen Tod hinaus weiter beherrschen. Wir sprachen beide mit ihm. Ich sah ihn jämmerlich vor mir sitzen. Er verlangte, dass ich ihm den Missbrauch und den Verrat aus frühester Kindheit doch verzeihen solle. Dass ich ihn in seiner Feinstofflichkeit sah und auch mit ihm sprechen konnte, registrierte ich in diesem Moment überhaupt nicht. Ich empfand es als normal für mich. Auch seine Gefühle und Gedanken konnte ich wahrnehmen. Wenn er nicht weiterwusste, verfiel er ins Jammern, was ich zu seinen Lebzeiten schon immer hasste.

„Oh nein", sagte ich, „du wirst mich um Verzeihung bitten, dass du so sehr in mein Leben eingegriffen hast, dass ich gar nicht mehr wusste, was ich selbst wollte. Danach gehst du in die Lichtwelten!"

Dass er mich um Verzeihung bitten sollte, konnte er gar nicht einsehen, weil er doch nur das Beste für mich gewollt hatte. Alles andere meinte er, verdrängen zu können.

Wir baten um Begleitung für ihn, weil er nicht freiwillig gehen wollte. Ich sah noch, wie er sich sträubte, aber schließlich ging er mit der Unterstützung der feinstofflichen Helfer doch mit. Tränen der Erleichterung rannen über meine Wangen.

Die Therapeutin und ich hatten nicht darauf geachtet, dass noch starke emotionale Verbindungen von meinem Vater sowohl zu meiner Mutter, meiner Schwester als auch zu mir bestanden. Sie hätten durchtrennt werden müssen. Auch Vorwürfe und Verurteilungen dürfen in einer solchen Sitzung nicht sein. Diese hindern die Seele des Verstorbenen, sich für die höheren Welten zu öffnen. Doch diese Zusammenhänge wurden mir erst später bewusst.

Zunächst war ich sehr erleichtert. Jetzt konnte ich fühlen, wie sehr ich durch ihn beeinträchtigt gewesen war. „Nun bin ich wirklich allein", dachte ich. Auch mein Mann bestätigte mir in den Wochen danach immer wieder mein verändertes Verhalten und einen liebevolleren Umgang mit ihm und mir selbst. Ich spüre mich endlich: Ich bin wirklich ICH!

Meine Medialität war inzwischen so weit erwacht, dass wir den Hausbesitzer später auch in die höheren Welten begleiteten, nachdem ich ihn immer stärker wahrgenommen hatte. Das Ausräuchern allein reichte nicht. Er kam wieder und bezeichnete uns als Eindringlinge, weil er sich durch uns sehr gestört fühlte. Dass er verstorben war, hatte er noch nicht begriffen. Ich verstand, warum ich mich in diesem Haus nicht mehr wohlgefühlt hatte. Ich war mit zwei gleichartig negativen Energien konfrontiert. Die eine war im Haus, die andere war in meiner Aura. Es war kein Wunder, dass mein Energiesystem zusammengebrochen war.

Als wir Monate später meine Mutter besuchten, erzählte sie beiläufig, sie habe von meinem Vater geträumt. Zuerst glaubte ich, er hätte schon eine Botschaft von oben gesendet, was ich für ziemlich ungewöhnlich hielt. Ich befasste mich nicht weiter mit dem Inhalt ihres Traumes, weil ich glaubte, mein Vater sei oben. Doch da irrte ich mich.

Wir saßen beim Abendessen zusammen und unterhielten uns. Meine Mutter kam wieder auf den Traum zu sprechen. Im gleichen Atemzug meinte sie auch, dass sie jetzt sterben könne, da sie alt genug sei. Solche Worte hatte sie noch nie geäußert. „Sie sieht gealtert aus", dachte ich im Stillen. Dies hatte mich schon bei unserer Begrüßung erschreckt, was ich zunächst aber verdrängt hatte. Doch jetzt fühlte ich auch, dass etwas nicht stimmte. Christoph testete mit der Rute in der Aura meiner Mutter und stellte die Anwesenheit meines Vaters fest. Ich war zutiefst erschrocken, weil ich das nicht für möglich hielt. Ich wollte auch nicht wahrhaben, dass ich schon wieder Wochen zuvor Verhaltensweisen meines Vaters an mir selbst entdeckt hatte. Zu später Stunde machten wir dann eine Sitzung, um meinen Vater nun endlich ins Licht zu bringen. Jetzt waren meine Mutter, meine Schwester und ich, also alle wichtigen Bezugspersonen meines Vaters, anwesend. Nun konnte er nicht mehr ausweichen und manipulieren.

Christoph bat ihn aus der Aura, indem er ihn laut ansprach Dabei bemerkten wir, dass der Vater meines Vaters auch noch da war. Nachdem wir mit beiden gesprochen hatten und die Beziehungen zueinander geklärt waren, verabschiedeten wir uns. Mein Vater wollte nicht gehen, weil er glaubte, auf meine Mutter warten zu müssen, aber sein Vater sprach ein Machtwort. Erst dann ging er mit. Beide wurden von feinstofflichen Helfern ins Licht begleitet. Da ich durch meine Hellsichtigkeit alle noch bestehenden Verbindungen wahrnehmen und benennen konnte, durchtrennten wir diesmal alle symbolisch. Wir hatten inzwischen gelernt, dass die Verstorbenen nicht gehen, wenn noch Verbindungen zu Menschen oder zum Besitz bestehen.

Schon wenige Minuten nach Beendigung der Sitzung sah meine Mutter wieder jünger aus. Ihre Gesichtszüge hatten sich entspannt und es zeigte sich ihre alte Lebensfreude. Ich habe seither nie wieder von ihr gehört, dass sie ans Sterben denke.

**Weiter mit Fallbeispiel Günther Meyer**

Nun zurück zu meinem anfangs erwähnten Klienten.

Über die Arbeit mit der psycho-energetischen Methode kam eindeutig heraus, dass es sich bei Herrn Meyer um eine Besetzung handelte. Es war der Großvater väterlicherseits. Durch meine intuitive Wahrnehmung sprach ich mit ihm. Er erzählte mir seine Geschichte, die ich hier in kurzen Worten wiedergebe.

Der Großvater besuchte oft seinen Sohn und dessen Frau, half beim Hausbau der beiden und machte sich im Garten nützlich. Er liebte seine Schwiegertochter, durfte sich das aber nicht eingestehen. Als sie dann schwanger wurde, freute er sich sehr. Ab jetzt war er täglich dort, um ihr zu helfen. So eine Frau wie sie hätte er gern selbst gehabt. Denn mit seiner eigenen Frau war er nicht glücklich.

Außerdem hatte er früher auch von einem Haus geträumt, das er für sich selbst aber nie gebaut hatte. Deswegen baute er jetzt mit seinem Sohn – aber nach seinen eigenen Vorstellungen und Ideen. So wurde es eher das Haus des Großvaters.

Er wollte nicht wahrhaben, dass er sich immer öfter körperlich nicht wohl fühlte und verdrängte das Gefühl. Vier Monate, bevor sein Enkel Günther zur Welt kam, starb er.

Er wisse nicht, was da passiert sei, antwortete er, als ich ihm erklärte, dass er schon vor vielen Jahren verstorben sei. „Ich mochte meine Schwiegertochter sehr und wollte bei ihr sein", erzählte er weiter.

Das war er dann auch. Er war nämlich in der Aura von Günthers Mutter und anschließend in der des ungeborenen Kindes hängen geblieben. Wie er dort hingekommen war, wusste er auch nicht. So erfuhr er sich als lebendig im Körper des Kindes.

„Ich erinnere mich, dass ich kein lebhaftes oder verspieltes Kind war. Schon als Vierjähriger war ich immer müde", erklärte mir mein Klient.

„Kein Wunder, Sie waren als Vierjähriger auch schon fast achtzig Jahre alt", sagte ich. Das erklärte mir jetzt auch, warum Herr Meyer vor unserer Sitzung meinte, eigentlich könne er auch sterben, das Leben sei so müßig geworden. „Nach dem, was ich jetzt erfahren habe, sind Sie weit über einhundert Jahre alt", sagte ich scherzhaft zu ihm.

Es war mir jetzt so eine Selbstverständlichkeit, dass ich mich mit beiden unterhielt. Richard, der Großvater, bekräftigte noch einmal, dass er sich geärgert habe, sich so klein zu fühlen, spielen zu müssen oder Dinge zu tun, die er nicht wollte. Deshalb war er oft ratlos oder wütend, weil er in dem kleinen Körper gefangen war.

„Und ich verstehe jetzt, dass ich nie gern zur Schule gegangen bin. Es war langweilig für mich, weil ich schneller begriff als andere Kinder", erklärte sich Herr Meyer sein Verhalten von damals.

Die Seele des Verstorbenen wollte gar nicht zu seinem Enkel, wusste aber nicht, wie sie seinen Körper wieder verlassen kann. Und so war Herr Meyer sein ganzes Leben lang fremdbestimmt.

Das war der Zwiespalt, in dem Herr Meyer bis heute steckte. Seine Frau hatte es mal mit ihm und mal mit dem Großvater zu tun. Das waren zwei unterschiedliche Charaktere in einem Körper. Aus dieser Verwirrung heraus hatte sie ihren Mann gebeten, eine Sitzung bei uns zu nehmen.

Nachdem das alles dem Großvater klar war und er sich auch noch mitteilen konnte, ließ er sich mit Hilfe der feinstofflichen Helfer gern in den Himmel begleiten.

Wir benutzen in unseren Sitzungen den Begriff „Himmel", weil unseren Vorfahren dieser Begriff durch die Kirchen bekannt ist. Mit „Lichtwelten" können die meisten Seelen Verstorbener noch nichts anfangen.

Ein weiterer Fall, der ähnlich wie der erste ist, begegnete uns etwas später. Er steht gleichfalls unter dem Motto:

**„Sorry, ich habe mich geirrt"**

Auch diese Besetzung erfolgte während der Schwangerschaft. Hier haben ebenfalls bestimmte Prägungen und Verhaltensmuster einen Menschen über Jahrzehnte an seiner eigenen Entwicklung gehindert, weil diese durch die Besetzung entstanden sind.

Das Thema von Frau Herbst waren ihre Selbstzweifel

gepaart mit Minderwertigkeitsgefühlen. „Ich bin hier, weil ich lernen will, besser damit umzugehen", erklärte sie zu Beginn unserer Sitzung. „Hinzu kommen meine unerklärlichen Ängste, die sich wie ein roter Faden durch mein Leben ziehen, für die ich aber keinen Grund finde. Ich habe einen Beruf, den ich gern ausübe, eine Wohnung, in der ich mich wohl fühle, ich bin versorgt. Es gibt keinen Grund, Angst zu haben, und trotzdem ist diese Angst da. Ich kann vorher auch nicht sagen, wann mich die Angst wieder packt", berichtete sie aufgeregt. Sie überlegte kurz, bevor sie weitersprach. „Es fällt mir verstärkt auf, wenn ich mit meinem Motorroller fahre. Wenn ich etwas schneller fahre, habe ich Angst, wenn ich nach links abbiegen muss, habe ich Angst und überhaupt habe ich Angst zu fahren. Und dabei hatte ich mich so auf den Motorroller gefreut.

Von meiner Familie höre ich immer wieder den gleichen Satz: ‚Du brauchst eben für alles, was du tust, ewig lange oder du begreifst es nie.' Deshalb erzähle ich gar nichts mehr."

„Wie kommen die darauf?", fragte ich.

„Meine Mutter erzählte mir, dass dieses Thema schon seit meiner Geburt präsent sei. Es hat zwei Tage gedauert, bis ich mich entschloss, geboren zu werden. Mal waren die Wehen da, mal wieder nicht. Dieses lange Hinauszögern bereitete meiner Mutter Angst, zumal ich eine Hausgeburt war. Diese Mitteilung haben meine Geschwister übernommen. Seitdem heißt es: ‚Ach ja, die Karoline, die braucht sowieso für alles so lange.' Das ist jedes Mal eine Abwertung für mich", berichtete sie. „Andererseits bin ich so ruhelos mit mir selbst. Wenn ich mich auf etwas konzentrieren möchte, klappt das nicht. Ich brauche immer Abwechslung, meistens dann, wenn es um mich selbst geht."

Auch hier war die Ursache die Seele eines verstorbenen Verwandten. Beim genauen Hinterfragen meldete sich ihr

Großvater, der Vater ihrer Mutter.

Ich machte mich mit ihm bekannt und erklärte, dass seine Enkelin hier bei mir sei. Ich erkundigte mich nach seinem Namen und fragte: „Herr Sommer, wann sind Sie denn gestorben?"

„Gestorben?", fragte er mich verständnislos.

Ich verstand. Die meisten Seelen Verstorbener registrieren nicht, dass sie gestorben sind.

„Herr Sommer, von Ihrer Enkelin weiß ich, dass Sie sie nicht gekannt haben. Und Ihre Tochter haben Sie auch nur einmal gesehen, als sie schon eine junge Frau war. Sie haben sich vor vielen Jahren von Ihrer Frau getrennt, noch bevor Ihre Tochter geboren wurde", berichtete ich ihm, was ich von seiner Enkelin wusste.

„Ja, ich bin damals, als der Krieg zu Ende war, in einem anderen Land geblieben. Meine Frau und ich verstanden uns nicht besonders. Ihr war es egal, ob ich zurückkomme oder nicht. Also kam ich nicht zurück. Außerdem hatte ich eine andere Frau kennen gelernt."

„Wie war das für Sie?", fragte ich ihn.

„Ich war ziemlich ruhelos und versuchte, mich vor mir selbst zu rechtfertigen. Kann ich denn als werdender Vater meine Familie vernachlässigen? Ich hatte das Gefühl, vor mir selber weggelaufen zu sein", erzählte er.

„Stimmt es, dass Sie sich dann viele Jahre später entschieden haben, doch zu Ihrer Familie zurückzukehren?", vergewisserte ich mich.

„Nein, nicht zurückkehren, ich wollte sie zu mir in die neue Heimat holen", berichtigte er mich. „Also fuhr ich zu ihnen."

„Und dann waren Sie erstaunt, dass Ihnen da eine junge Frau gegenüber stand, die Ihre Tochter war?", fragte ich, und er bejahte.

„Herr Sommer, kann es sein, dass Sie von Schuldgefühlen geplagt wurden, weil Sie Ihre Tochter damals allein ließen?", fragte ich weiter.

„Ich stand ihr gegenüber und war fasziniert von ihr", antwortete er sehr leise.

Ich fragte Frau Herbst, ob sie noch eine Frage an ihren Großvater habe.

„Ja, ich möchte wissen, warum du bei mir bist. Ich kenne dich doch gar nicht", fragte sie ihn.

„Ich weiß nicht, warum ich hier bin. Ich hatte nur den Wunsch, bei meiner Tochter zu sein", sagte er.

„Herr Sommer, ich weiß, dass Sie im Jahre 1965 gestorben sind, kurz nach dem Besuch bei Ihrer Familie", klärte ich ihn auf.

„Ich wollte bei meiner Tochter sein", wiederholte er.

„Ja, dass heißt also, Sie sind nach Ihrem Tod zu Ihrer Tochter gegangen und als sie schwanger war, sind Sie dann versehentlich in der Aura des ungeborenen Kindes gelandet", stellte ich fest. Und nach weiterem Hinterfragen wurde klar, dass er es war, der nicht geboren werden wollte. Er verhinderte den Geburtsvorgang. Er hat festgehalten, und die Geburt wurde dadurch sehr verzögert.

„Frau Herbst", sagte ich zu meiner Klientin, „jetzt wissen Sie, warum Sie so lange gebraucht haben. Sie haben ein Muster übergestülpt bekommen, wofür Sie überhaupt nicht verantwortlich waren. Auch Ihre Unruhe erklärt sich jetzt."

Als wir den Großvater verabschiedet und in den Himmel begleitet hatten, fühlten wir, dass da noch jemand war. Beim Nachfragen bestätigte sich, dass jetzt auch noch die Großmutter väterlicherseits hier war.

„Warum haben Sie sich denn nicht schon eher bemerkbar gemacht?", fragte ich sie, aber sie schaute mich nur unwissend an. Frau Herbst war fünfzehn Jahre alt, als ihre Großmutter starb. Sie mochten sich beide. Ich fragte die Großmutter, ob sie denn das Autofahren oder gar das Motorradfahren liebe. „Nein, um Himmels Willen, so ein Teufelszeug", sagte sie entsetzt.

„Nein, meine Großmutter mochte das Autofahren nicht. Sie fuhr nur ganz selten mit. Meine Großmutter und Führerschein, nie im Leben! Das ging ihr alles viel zu schnell", lachte Frau Herbst.

„Seit wann haben Sie diese Ängste?", fragte ich meine Klientin. „Kann es sein, dass diese seit dem Tod Ihrer Großmutter verstärkt auftraten?"

Nach kurzem Überlegen nickte Frau Herbst. „Darauf wäre ich nie gekommen!"

„Liebe Frau März, sehen Sie, wie sehr Sie Ihre Enkelin beeinträchtigt haben durch Ihre Ängste?", fragte ich die Großmutter. Sie selbst sah es nicht so, weil sie durch die Besetzung den Körper ihrer Enkelin als den eigenen betrachtete.

Nach unserer Aufklärung konnte sich Frau Herbst von ihrer Großmutter verabschieden, und wir begleiteten sie mit Hilfe der feinstofflichen Helfer in den Himmel.

Hier hat sich ganz deutlich bestätigt, dass diese Frau seit ihrer Geburt fremdbestimmt war.

Bei einem späteren Telefonat gab mir meine Klientin die Rückmeldung, dass sich alle Ängste gelegt hatten. „Es geht mir gut. Ich habe keine Angst mehr im Dunklen, ich kann auch das Licht in meiner Wohnung abends ganz ausmachen. Ich kann ohne Ängste Motorroller fahren, ich kann nach links abbiegen, ohne absteigen zu müssen, und ich kann mit mir sehr gut allein sein", berichtete sie.

# Zweites Kapitel

# Methodik und Entwicklung unserer Arbeit

Ich, Gudrun-Anna, arbeitete zunächst allein mit Klienten, bei denen der Verdacht einer Besetzung vorlag. Es war für mich recht schwierig, mich auf die Wahrnehmung der Verstorbenen zu konzentrieren und gleichzeitig mit ihnen zu reden. Weiterhin mussten die meisten Seelen aufgeklärt werden, um zu erkennen, dass sie verstorben sind und in diesem Zustand in den Himmel gehören.

Bei einer Sitzung, bei der es um mehrere Besetzungen ging, war ich damit überfordert, Konzentration als auch Aufklärung für Verstorbene unterschiedlichen Auffassungsvermögens gleichzeitig zu bewältigen. Ich bat Christoph darum, in der Sitzung die Aufklärungsarbeit zu übernehmen. Das ermöglichte mir, genauer wahrzunehmen, welche Informationen die Einzelnen brauchten, damit sie ihre Lage erkennen konnten.

In den Sitzungen achten wir auch auf die kleinen Details, damit die Klienten gewinnbringende Erkenntnisse erhalten über Eigenarten und Verhaltensmuster der verstorbenen Personen. Oft stellt sich dabei heraus, dass viele innere Konflikte auf widerstrebenden Eigenarten von Klient und Verstorbenem beruhen. Bei Rückmeldungen von Klienten nach einigen Wochen sind viele Zweifel und Konflikte nicht mehr vorhanden.

Wir richten unser Augenmerk besonders darauf, den Klienten die Ursachen der Themen, mit denen sie zu uns gekommen sind, deutlich zu machen: warum sie in ihrem Lernbereich nicht weitergekommen sind; warum sie krank geworden sind; warum sie sich gehindert fühlten. Ebenso kann es erforderlich sein, dass sie die noch nicht gemachte Trauerarbeit vollziehen. Uns geht es nicht nur um das Hochbringen der Verstorbenen in die höheren Welten, sondern auch um das dahinter liegende Thema. So kann der Klient sich selbst und sein bisheriges Denken, Fühlen und Handeln besser verstehen.

Womit die Verstorbenen identifiziert sind, beachten wir besonders. Hierbei brauchen sie die bestätigende Annahme für ihr Wirken im vergangenen Leben. Wenn sie sich angenommen und verstanden fühlen, öffnen sie sich weit genug, um bereit zu sein, hier auf der Erde loszulassen und mit Begleitung in den Himmel zu gehen.

Da ich, Christoph, in den letzten Jahren meine Fühligkeit für Mutungen mit der Winkelrute sehr geschult hatte, entwickelten wir ein System der gegenseitigen Unterstützung. Um sicher zu sein, dass wir die Seelen der Verstorbenen in der Aura eines Klienten richtig identifizieren, fragt Gudrun-Anna zunächst ohne mein Beisein über die Fingermeridiane ab. Dann komme ich hinzu und mute über die Aura des Klienten. Danach vergleichen wir unsere Ergebnisse. Bei abweichenden Informationen haben wir festgestellt, dass das Muten über die Aura manchmal Seelen Verstorbener registriert, die über die Meridiane nicht gefunden werden. Der Grund liegt darin, dass der Meridian, auf dem die Besetzung sitzt, völlig blockiert sein kann. Andererseits gibt ein blockierter Meridian einen direkten Hinweis auf eine Besetzung. Häufiger Grund dabei ist eine sehr starke Identifikation der Seele des Verstorbenen mit seinem Wirt. Diese Fälle bedürfen der besonders sorgfältigen Nachforschung. Diese Art der voneinander unabhängigen Ursachenforschung gibt uns eine wesentlich größere Sicherheit.

Da Gudrun-Anna die Verstorbenen besser sehen kann, wenn sie sich nicht mehr in der Aura eines Menschen befinden, mussten wir einen Weg erkunden, sie von dort herauszunehmen. Ich bekam den inneren Impuls, sie laut beim Namen zu nennen. Nachdem wir sie identifiziert haben, spreche ich sie mit lauter, bestimmter Stimme an und fordere sie auf, sich auf einen bereitgestellten Stuhl zu setzen. Wir waren beide erstaunt, dass das so einfach ging. Jetzt kann Gudrun-Anna sie aufgrund ihrer äußeren Erscheinung beschreiben. Da die Klienten ihre verstorbenen Vorfahren meist noch kennen, haben wir hier eine weitere Möglichkeit der Identifikation. Wir legen Wert darauf, weder ein Bild noch eine Beschreibung der verstorbenen Person vorher zu erhalten, um sicher zu gehen, dass die Identität stimmt.

Außerdem war es nun möglich, ungläubige Seelen von ihrer Lage zu überzeugen. Ich halte ihnen Gegenstände hin, die sie ergreifen sollen. Nun merken sie, dass ihre Hände durch die materiellen Dinge hindurch gehen. Erst jetzt wird einigen klar, dass sie keinen physischen Körper mehr haben. So beginnen sie, unseren Argumenten zu glauben. Nachdem wir die Identifikation und Aufklärungsarbeit mit ihnen geleistet haben, können die Klienten noch klärende Gespräche mit ihren Verstorbenen führen. Gudrun-Anna hört, was die Verstorbenen sagen und übermittelt es. Wenn die Situation abgerundet ist und sich beide Seiten voneinander verabschiedet haben, rufen wir geistige Helferinnen und Helfer, die die Verstorbenen in die höheren Welten begleiten. Diese Arbeit ist nur von Erfolg gekrönt, wenn sich die Verstorbenen überzeugen lassen und verstanden fühlen. Dann sind sie bereit, in den Himmel mitzugehen. Gudrun-Anna begleitet die Gruppe mit ihrer Hellsichtigkeit, bis sich sichtbar hinter ihnen ein Tor schließt.

Einige Klienten, die um dieses Thema wissen, berichteten uns, dass sie die verstorbenen Seelen schon mit fremder Hilfe ins Licht geschickt hätten. Unsere Erfahrung sagt uns, dass das oft nicht reicht. Erst der persönliche mediale Kontakt zu den Verstorbenen scheint ihnen zu helfen, sich so weit zu öffnen, dass sie durch den Dialog ihre Lage erkennen. Sie haben meist den Wunsch, gesehen zu werden und sich ihren Angehörigen noch mitzuteilen. Erst nach dem Gespräch und unserer Aufklärung sind sie bereit, ihren Irrtum einzusehen, dass der physische Tod nicht das Ende bedeutet, sondern nur der Wechsel in eine andere Daseinsebene. Nun sind sie in der Lage, von innen heraus den Entschluss zu fassen, in die Lichtwelten zu gehen. Diese subjektive Entscheidung scheint die Voraussetzung zu sein für die Wahrnehmung des Lichtes und der Lichtwesen.

Aufklärung der Verstorbenen im Beisein der himmlischen Helfer

# Drittes Kapitel

## Ziel der Arbeit mit Besetzungen

Schon in den geschilderten Fällen im ersten Kapitel wird deutlich, wie behindernd solche Besetzungen sein können. Sowohl der Besetzte als auch der Besetzende werden in ihrer eigenen Entwicklung behindert und oft völlig blockiert. Wir stellen immer wieder fest, dass sich die Seelen Verstorbener charakteristisch nicht verändert haben, auch wenn ihr Tod schon vor Jahrzehnten war. Sie denken und fühlen genau noch so wie zu Lebzeiten. Und sie versuchen ebenso zu verdrängen wie vor dem Tod. Seit vielen Inkarnationen während der vergangenen Jahrhunderte hatten sie keine Möglichkeit der Reflektion ihres vergangenen Lebens. Jede Folgeinkarnation war eine unreflektierte Fortsetzung der vorherigen. Darin liegt einer der Gründe, warum die Bewusstseinsentfaltung der Menschheit so langsam vonstatten geht.

Dass die Entwicklung schneller gehen könnte, haben uns die Tibeter vorgelebt. Dort gibt es seit über dreitausend Jahren das Tibetanische Totenbuch. Am Bett des Sterbenden wird daraus vorgelesen, um ihn auf den Übergang in das feinstoffliche Dasein vorzubereiten. Bis vier Tage nach dem Lösen der Seele aus dem Körper wird weitergelesen. Der Verstorbene wird aufgeklärt und ermutigt, seine Aufmerksamkeit auf das Göttliche Licht zu lenken, um sich von den ablenkenden Reizen niederer Energien nicht beeinflussen zu lassen. Viele Tibeter müssen der Hilfe nach dem Tod gefolgt sein, denn der Anteil höher entwickelter Seelen ist in Tibet um ein Vielfaches höher als in den Industrienationen.

Durch unser Wirken erhalten die Verstorbenen nach vielen Jahrhunderten des Getrenntseins endlich wieder die Chance, in die Lichtwelten gehen zu können. Einige werden auch dort noch Zeit brauchen, bis sie sich öffnen. Aber sie werden alle erkennen, dass sie Geistwesen sind, dass es keinen Tod gibt, dass das ewige Leben eine unumstößliche Tatsache ist und dass sie nur vorübergehende Gäste in der physischen Welt waren, um zu lernen.

Wir sagen den Menschen, die zu uns kommen, dass sie zweierlei Gutes tun. Einerseits sind sie für ihre verstorbenen Ahnen die Brücke zwischen Erde und Himmel, und andererseits erfahren sie selbst die Befreiung von Besetzungen, um nun endlich in ihrer eigenen Entwicklung voranschreiten zu können.

Hier schildern wir einen Fall, der alle beteiligten Personen sehr berührt hat.

### Der Fall Papandros

Im Sommer hielten wir einen Vortrag über das Thema „Beeinträchtigungen von außen" in einem Seminarzentrum. In den Folgetagen konnten Einzelsitzungen gebucht werden.

Christine Papandros war wegen gelegentlicher Depressionen zu uns gekommen, die sich nach ihrem Griechenlandurlaub verstärkt hatten. Aber mehr noch war ihr Anliegen, ihre verstorbenen Eltern in die höheren Welten zu begleiten, falls sie sich noch in erdnahen Sphären aufhalten sollten. Unser Vortrag hatte sie angesprochen.

Sie erzählte uns die Geschichte ihrer Eltern. „Mein Vater war Grieche. Er kam vor fünfundvierzig Jahren nach Deutschland und lernte meine Mutter kennen. Sie heirateten und bauten sich ihre Existenz in Deutschland auf. Er träumte davon, später, im Rentenalter wieder in seine Heimat zurückzukehren. Doch bevor er das konnte, starb er. Fünfzehn Jahre später starb auch meine Mutter."

Ich fühlte, dass beide Eltern noch in der Aura ihrer Tochter waren. Beim weiteren Nachfragen stellte sich heraus, das die griechischen Großeltern auch bei ihr waren. Sie waren mitgekommen, als Christine Urlaub bei ihrer griechischen Familie gemacht hatte. Als wir alle vier Verstorbenen aus Frau Papandros' Aura genommen hatten, fühlte ich die Freude von Christines Vater, seine Eltern wieder zu sehen.

Da wir kein Griechisch sprechen, übersetzte Frau Papandros Christophs Erklärungen. Anhand der Gesten und Mimiken nahm ich wahr, was sie mitteilen wollten. So waren wir Mittler zwischen Christine und ihren verstorbenen Angehörigen.

Während dieser Sitzung begann draußen im Garten jemand, Harfe zu spielen.

„Oh, wie wunderschön", bemerkte ich.

„Mein Vater liebte gute Musik", sagte Frau Papandros leise. Die Stimmung bei allen Beteiligten wurde sehr feierlich, und ich sah, wie sich die Gesichter aufhellten.

Christine Papandros verabschiedete sich von Eltern und Großeltern. Sie verstand jetzt auch, warum sie manchmal in Depressionen verfiel. Es war die Sehnsucht des Vaters nach seiner Heimat. Ich bat jetzt Helfer und Helferinnen, ihre Eltern und Großeltern in den Himmel zu begleiten.

Christoph öffnete die Tür. Die Harfenklänge wurden etwas lauter und begleiteten die Paare, die sich eingehakt hatten, während des ganzen Weges. Zwei Helferinnen gingen vorweg, die anderen hinterher. Als sich das Flügeltor oben öffnete, sah ich strahlenden Sonnenschein über dem glitzernden blauen Meer. Beim Anblick wurde mir selbst ganz warm. Bunte Blumen umrahmten das Bild. Die Sehnsucht des Vaters hatte sich erfüllt. Er war wieder zu Hause - aber jetzt im himmlischen Griechenland und mit ihm seine Frau und seine Eltern.

Oben am Tor saß ein Engel und spielte weiter die wunderschönen Klänge. Einige Augenblicke genoss auch ich den Anblick und erzählte, was ich dort oben sah. Dann wurde das Tor wieder geschlossen.

Genau in dem Moment hörte draußen das Harfenspiel auf. Es hat uns alle fasziniert. Wir saßen noch Minuten danach still und ließen die Sitzung nachklingen. Frau Papandros hat ihrer Familie ein schönes Geschenk bereitet.

Später traf ich den Harfenspieler, der mir sagte, er sei von einem anderen Teilnehmer gebeten worden, ihm doch etwas vorzuspielen. Es war eine Bestellung der feinstofflichen Helfer für diese Familie, dachte ich.

### Erklärung zu Besetzungen

Immer wieder wird davon gesprochen, dass Menschen Kontakt mit verstorbenen Verwandten haben. Dagegen ist nichts einzuwenden, wenn die Verstorbenen nach dem Ablegen des physischen Körpers den Weg in die höheren Welten gefunden haben. Aus dieser Ebene können sie Kontakt zu noch im Körper befindlichen Menschen aufnehmen, im Traum oder auch telepathisch, wenn die irdischen Kontaktpersonen dafür offen sind. Diese Kontakte sind meist lebensbejahend und hilfreich.

Haben die Verstorbenen den Weg in die Lichtwelten nicht gefunden, weil ihnen entgangen ist, dass sie den physischen Körper abgelegt haben, bleiben sie in der erdnahen Sphäre hängen; und zwar genau dort, womit sie identifiziert sind, oder woran sie ihr Herz gebunden haben.

**Identifikation von Verstorbenen**

Manche arbeiten in ihrem feinstofflichen Körper an ihrem Arbeitsplatz weiter, weil sie sich für unentbehrlich halten. Sie wundern sich höchstens, dass sie nicht beachtet werden und niemand mehr mit ihnen spricht. Zunächst sind sie verwirrt, aber mit der Zeit gewöhnen sie sich daran und hinterfragen nicht, so wie sie in ihrem ganzen physischen Leben wahrscheinlich auch Grundlegendes nicht hinterfragt haben.

*Identifikation mit dem Arbeitsplatz*

Frau Herta Wilhelm kam zu uns. Sie war in ihrer Heimatgemeinde als Leiterin einer Krankenpflegestation tätig, welche die angrenzenden Dörfer mit betreute.

„Es begann damit, dass ich meine eigenen Touren immer wieder in Richtung meines Geburtsortes einteilte. Diese Gegend und auch die zu betreuenden Menschen waren nicht reizvoller als andere. Doch häufig kamen mir Gedanken an meine Großmutter, die in dieser Region früher als Hebamme tätig war. Immer, wenn ich dort entlangfuhr, fühlte ich mich ihr nahe. Ich stellte mir vor, wie sie mit ihrem Utensilienköfferchen über die Felder stapfte, um den Weg abzukürzen. Ein Auto oder einen fahrbaren Untersatz hatte sie nicht, also musste sie die Strecken zu Fuß gehen. Manchmal wurde sie auch von dem Bauer mit einem Pferdewagen abgeholt. Ich habe sie nicht kennen gelernt. Sie starb vor meiner Geburt, und doch hatte ich das Gefühl, ihr nahe zu sein.

Der Grund, warum ich zu Ihnen gekommen bin, ist: Ich möchte schon lange diese Arbeitsstelle beenden und schiebe es immer wieder hinaus. Was hält mich denn noch dort?", fragte sie.

„Ihre Großmutter", antwortete ich. Ich fühlte sie jetzt deutlich in der Aura und bat sie, sich auf den bereitgestellten Stuhl zu setzen.

„Guten Tag, Frau Halder", begrüßte ich sie. „Ihre Enkelin erzählte mir gerade, dass sie zwanghaft jeden Tag die gleiche Strecke für die Krankenbesuche fahren müsse, obwohl sie als Leiterin auch bei den anderen Kranken vorbeischauen muss. Ich weiß, dass Sie als Hebamme früher in dieser Region tätig waren."

„Ja, ich habe meinen Beruf sehr geliebt und freute mich auf meine kleinen und großen Patienten. Sie müssen doch alle gut versorgt sein", erklärte mir die Großmutter.

„Tatsächlich kannten einige der älteren Patienten meine Großmutter noch und lobten ihre einfühlsame Art. Ich war dann immer ganz stolz auf sie", schwärmte Frau Wilhelm.

„Natürlich ehrte das Ihre Großmutter", pflichtete ich ihr bei. „Es tut gut zu hören, wenn die Leute sich gern an einen erinnern. So ist es doch, Frau Halder?", fragte ich mit Blick zur Großmutter. Sie nickte. Und zu Frau Wilhelm gewandt sagte ich: „Ihre Großmutter war immer bei Ihnen, als Sie die Krankenbesuche machten. Ich verstehe jetzt, warum Sie immer wieder die ihr bekannte Region aufsuchten."

„Meinen Kolleginnen fiel das auch schon auf, dass ich diese Tour immer selbst fahren wollte. Sie waren damit oft nicht einverstanden. Ich selbst habe mir anfangs nichts dabei gedacht. Aber jetzt wird mir das klar", sagte Frau Wilhelm.

Ich klärte Frau Halder über ihren Zustand auf: „Sie sind schon vor vielen Jahren verstorben. Sie können hier unten nicht mehr wirken, auch wenn Sie bei Ihren Patienten sehr beliebt waren." Als ich das sagte, strahlten ihre Augen. „Sie können sich im Himmel neuen Aufgaben zuwenden. Dort wird Hilfe immer gebraucht."

Sie verstand zwar, was ich sagte, konnte es für sich aber noch nicht so richtig annehmen.

„Oma, ich denke immer an dich, wenn ich die Kranken betreue", sagte Frau Wilhelm.

Enkelin und Großmutter verabschiedeten sich voneinander, und ich bat Helferinnen, Frau Halder auf dem Weg in den Himmel zu begleiten.

Einige Monate später erfuhr ich, dass Frau Wilhelm die Arbeitsstelle gewechselt hatte.

*Identifikation mit dem Auto*

Eines Tages war auf unserem Anrufbeantworter die Nachricht eines jungen Mannes, der uns mitteilte, er habe sich ein Auto über ein Zeitungsinserat gekauft. Beim Fahren habe er das merkwürdige Gefühl, es lenke jemand mit.

„Ich habe das Auto vor drei Monaten gekauft. Seit dieser Zeit bin ich des Öfteren in der Werkstatt, weil ständig kleine Reparaturen anfallen", berichtete Herr Janson während unserer vereinbarten Sitzung Tage später. „Das Auto ist gerade ein halbes Jahr alt. Das dürfte bei diesem Fahrzeugtyp gar nicht passieren. Ich überlegte schon, das Auto wieder zu verkaufen, bevor ich von Ihnen hörte", waren Herrn Jansons weitere Erklärungen.

„Was wissen Sie denn über die Vorgeschichte des Autos?", fragte ich ihn.

„Ich habe den Wagen von der Witwe eines Verstorbenen

gekauft. Es sei sein ganzer Stolz gewesen, berichtete sie. Sie sagte mir auch, dass sie ihren Mann davon abbringen wollte, in seinem Alter noch so eine große Limousine zu kaufen. Doch davon wollte er nichts wissen. Monate später starb er plötzlich nach kurzer Krankheit. Die Witwe sei ein paar Mal selbst mit dem Auto gefahren, es sei ihr aber zu groß und unhandlich gewesen. Auch das Rangieren fiel ihr schwer. Angeeckt sei sie auch schon, was im vorderen rechten Kotflügel einen Kratzer im Lack hinterließ. Das fand ich selbst aber nicht so tragisch. Dann habe das Auto in der Garage gestanden, bis sich Frau Nemsig entschied, es zu verkaufen. Der Käufer bin ich, und ich bin bis jetzt noch nicht glücklich damit", beantwortete Herr Janson meine Frage.

„Wo steht denn das Auto?", fragte ich.

„Direkt vor Ihrem Haus", antwortete Herr Janson.

Ich stand auf und schaute aus dem Fenster. Neben seiner silbergrauen Limousine sah ich den verstorbenen Vorbesitzer in seinem feinstofflichen Körper stehen. Er lehnte lässig an der Tür.

„Er scheint auf Sie zu warten", scherzte ich.

„Ja, das Gefühl habe ich wirklich. Wenn ich in dem Auto sitze, fühle ich mich unwohl, bin müde oder manchmal unkonzentriert. Wenn ich aussteige, bessert sich mein Zustand wieder", bestätigte er. „Er scheint mit mir im Auto zu sitzen."

„Nicht mit Ihnen im Auto – er sitzt in Ihnen und fährt das Auto", sagte Christoph.

„Das Beste wird sein, wir bitten ihn zu uns herein. Wie war sein Name?", fragte ich.

„Sein Name ist Nemsig", antwortete Herr Janson.

Mein Mann rief ihn herein.

Als Herr Nemsig im Sessel saß und Christoph ihn aufklärte, dass er gestorben sei, empörte er sich. „So ein Blödsinn, ich bin doch gerade Auto gefahren."

„Nein, Sie sind nicht gefahren. Das Auto fuhr Herr Janson, der es von Ihrer Frau gekauft hat, weil Sie gestorben sind", klärte ihn Christoph weiter auf.

„Wie kann meine Frau mein Auto verkaufen!", wurde er jetzt aufgebracht.

Er schien so sehr mit seinem neuen Auto identifiziert zu sein, dass ich erfinderisch sein musste, ihn wirklich zu überzeugen, dass er in den Himmel geht.

„Nur mit meinem Auto", sagte er trotzig.

Ich bat die beiden Helfer, die ich jetzt gerufen hatte, ihm sein Auto im Feinstofflichen zu zeigen. Er stieg ein. Die beiden Helfer fuhren mit ihm nach oben. Herr Nemsig bekam oben sein Haus gezeigt, fuhr bis vor seine Garage und stieg aus. Ziemlich aufgebracht ging er ins Haus, um seine Frau zurechtzuweisen.

Mit der Bitte an die Helfer, ihn oben liebevoll anzunehmen und noch einmal aufzuklären, sah ich anschließend, wie sich das Tor schloss.

„Ich dachte, Herr Nemsig sei wütend auf mich gewesen, weil ich sein Auto fuhr", wunderte sich Herr Janson.

„Nein, nicht auf Sie, auf seine Frau war er wütend, weil sie auf sein Auto nicht aufgepasst hatte. Außerdem hatte sie sein Heiligtum gegen die Garagenwand gefahren. Sein Ärger darüber hat wahrscheinlich die Elektronik des Autos durcheinander gebracht. Damit erklären sich die Reparaturen, die Sie hatten", antwortete Christoph.

„So, und jetzt wünschen wir Ihnen viel Freude mit Ihrem Auto", verabschiedeten wir anschließend Herrn Janson.

*Die Lieblingsjacke*

Frau Pernke war durch Weiterempfehlung zu uns gekommen. „Körperliche Probleme habe ich nicht. Manchmal bin ich etwas kurzatmig. Aber das vergeht wieder. Meine Freundin erzählte mir von Ihnen. Sie riet mir, eine Sitzung bei Ihnen zu nehmen. Das mit der Kurzatmigkeit sei nicht normal, sagte sie zu mir. Vielleicht werde ich auch von irgendjemandem beeinträchtigt", vermutete Frau Pernke.

„In Ordnung, dann testen wir gleich über Ihre Aura", schlug ich vor. Beim Abfragen bekamen wir die Aussage, dass diese Seele nicht aus der eigenen Familie war, sondern irgendjemand aus der Nachbarschaft.

„Wer hat sich denn da bei Ihnen eingeschlichen?", fragte ich.

„Aus der Nachbarschaft?", wiederholte Frau Pernke ungläubig. „Keine Ahnung."

„Es ist eine Frau", sagte Christoph.

„Ich weiß nicht, wer das sein sollte", rätselte Frau Pernke.

„Wir können sie aus der Aura nehmen, und ich beschreibe Ihnen, wie sie aussieht", schlug ich vor.

„Ja, denn ich kann mich im Moment wirklich an niemanden erinnern", überlegte Frau Pernke.

Christoph bat die Frau aus der Aura. Ich beschrieb sie nach Aussehen, Alter, Statur und Charakter.

„Das kann nur die Steiner Marie sein. Was will denn die bei mir?", wunderte sich Frau Pernke. „Das ist die Schwester vom Bauer Steiner. Dessen Hof ist aber ein paar Häuser weiter weg von mir. Die Steiner Marie wäre mir nie eingefallen", sagte Frau Pernke erstaunt. „Sie war ledig und lebte mit auf dem Hof ihres Bruders. Mit ihr hatte ich nie etwas zu tun. Die Bäuerin und ich haben uns manchmal unterhalten, wenn wir uns zufällig getroffen haben."

„Waren Sie denn zu dem Zeitpunkt, als die Steiner Marie starb, auf dem Hof oder vielleicht zu ihrer Beerdigung?", wollte ich wissen.

„Nein", antwortete sie.

„Aber irgendeine Verbindung muss sie zu Ihnen gehabt haben, sonst wäre sie nicht hier. Vielleicht wurde sie von Helfern hier her gebracht, damit wir sie nach oben begleiten. Das passiert auch manchmal", vermutete Christoph.

„Ich habe eine Gamsjacke von ihr", erinnerte sich jetzt Frau Pernke. „Die Bäuerin fragte mich damals, ob ich diese Jacke haben will. Sie sei zu schade, um sie in die Altkleidersammlung zu geben. Mir könnte sie passen, meinte sie. Die Marie liebte diese Jacke und habe sie nur sonntags getragen, wenn sie zur Kirche ging. Aber sie ging nur zwei Mal im Jahr zur Kirche, meinte die Bäuerin scherzhaft. Die Jacke sei also noch wie neu. Sie sei Maries Heiligtum gewesen. Und so kam ich zu einer Gamsjacke. Ich ließ sie ein wenig umarbeiten. Sie ist so schön warm. Ich fühle mich richtig wohl darin", schwärmte Frau Pernke.

„Das empfand die Marie bestimmt auch so", sagte ich.

„Aber wenn sie die Jacke doch nie getragen hat?", wunderte sich Frau Pernke.

„Das macht nichts. Anscheinend ist sie ihr ganzer Stolz gewesen. Sonst wäre Marie jetzt nicht bei ihnen", erklärte ich.

Weil ich meine Aufmerksamkeit kurz von der alten Dame weggenommen hatte, war sie gegangen. Sie saß jedenfalls nicht mehr auf dem Stuhl. Christoph rief sie wieder zurück. Manchmal funktionierte das.

„Bitte bleiben Sie sitzen", sagte er energisch. Sie antwortete in ihrer Mundart: „I' hab' kei' Zeit, hier 'rumzusitzen. I' hab' Arbeit."

„Frau Steiner, Sie sind schon vor drei Jahren gestorben. Sie gehören in den Himmel. Sie können doch nicht einfach weglaufen. Außerdem können Sie dort oben weiterarbeiten. Aber vorher möchte ich Ihnen noch einiges erklären", sagte Christoph.

„Du brauchst nicht mehr viel zu erklären. Sie hört dir nicht mehr zu", sagte ich. „Sie ist schon wieder vom Stuhl aufgestanden, als du sagtest, sie könne weiterarbeiten."

Ich bat um zwei Helferinnen, die sie begleiten sollten. Ausladenden Schrittes und ein wenig nach vorn gebeugt eilte die Steiner Marie voran.

„Ich erinnere mich, dass sie immer so ruhelos war, trotz ihres Alters", waren Frau Pernkes Worte dazu.

„Christoph, sie ist mir entwischt. Ich sehe sie plötzlich nicht mehr. Kannst du mir helfen?", bat ich.

Christoph sagte laut ihren Namen, und sie stand wieder hier im Zimmer. „Ohne mei' Jack'n geh' i' net", sagte sie trotzig.

„Ihre Jacke? Oh natürlich. Wir holen sofort Ihre Jacke. Warten Sie einen Moment. Darauf habe ich nicht geachtet", sagte ich verständnisvoll und bat die Helferinnen, ihr die feinstoffliche Jacke zu bringen. „Anstatt sie anzuziehen, trägt sie ihre Gamsjacke über dem Arm nach oben. Es wirkt fast heilig", teilte ich mit, was ich sah.

Dieses Mal ging sie durch das Himmelstor. Sie wurde in Empfang genommen. Der Raum, in den sie ging, sah wie das Innere einer Kirche aus.

„Jetzt wissen Sie, warum die alte Frau bei Ihnen war. Diese Jacke war ihr ein und alles", lachte ich.

**Identifikation mit Macht und Kontrolle**

Andere Seelen Verstorbener, die ihre Sehnsucht an einen Menschen gebunden haben, landen unversehens in der Aura des libidinös besetzten Menschen und versuchen, ihn für sich allein zu besitzen oder zu manipulieren. Sie behindern sich selbst in ihrer eigenen Entwicklung, weil sie ihr vergangenes Leben so nicht auswerten können, sondern es in der alten Art einfach fortführen wollen. Zum anderen wird der besetzte Mensch ständig energetisch angezapft, manipuliert, verwirrt und an seiner individuellen Lebensentfaltung stark gehindert.

**Behinderung der eigenen Lebensentfaltung**

Zu diesem Thema schildern wir Fälle aus verschiedenen Sichtweisen.

Im ersten Kapitel schildert Gudrun-Anna, wie ihr Vater sie dahingehend manipulierte, immer wieder nach einer Arbeit in einem Büro zu suchen. Nachdem er aus ihrer Aura heraus war und wir ihn in den Himmel begleitet hatten, kam sie gar nicht mehr darauf, ins Büro gehen zu wollen. Endlich konnten wir zielgerichtet unsere gemeinsame Arbeit aufbauen.

*Selbstfindung und Selbstverwirklichung*

Ein weiteres Beispiel ist die Geschichte eines Mannes mittleren Alters. Er kam mit den Themen Selbstfindung und Versagensängsten zu uns.

„Ich empfinde keine Freude mehr in meinem Leben. Außerdem weiß ich nicht, ob ich weiterhin gern als Verkäufer arbeiten möchte. Diese Tätigkeit habe ich begonnen, weil ich vor ein paar Jahren einen Unfall hatte. Ich arbeitete als Maurer am Bau und fiel vom Gerüst. Seitdem leide ich an Gleichgewichtsstörungen, die immer mal wieder auftreten.

Ich habe das Gefühl, meinen Weg noch nicht gefunden zu haben", waren Herrn Raimers einleitende Worte zu Beginn der Sitzung. „Träume oder bestimmte Ziele im Leben waren mir als Heranwachsender fremd. Mein Großvater bestimmte, was getan wurde. Er war ein führender Mann in der Hotelbranche und starb, als ich neun Jahre alt war. Danach übernahm mein Patenonkel, der älteste Sohn meines Großvaters, die Rolle. Er war anschließend mein Vorbild. Er war ein angesehener Mann im Management. Beide Berufe traute ich mir nicht zu, obwohl mein Onkel mich immer wieder dazu anleiten wollte. Also erlernte ich ein Handwerk."

„Haben Sie sich nie gefragt, ob Ihnen ihr Beruf Freude macht?", fragte ich ihn.

„Nein. Ich habe dieses Handwerk gelernt und bis zu meinem Unfall ausgeführt", sagte er.

„Lebt Ihr Patenonkel noch?", fragte ich weiter.

„Nein, er starb vier Jahre vor meinem Unfall", antwortete Herr Raimer.

Nun wurde mir bestätigt, was ich schon ahnte. Christoph testete in seiner Aura und fand den Großvater und den Patenonkel darin. Beide Verstorbenen wollten ihre eigenen Interessen in dem einzigen männlichen Nachkommen, Herrn Raimer, weiterführen und akzeptierten seinen Handwerksberuf nicht. Das kam deutlich heraus, als ich mit beiden sprechen konnte. Der Großvater war es zu Lebzeiten gewöhnt, dass nur er das Sagen hatte. Es bedurfte großer Überzeugungsarbeit, ihm klarzumachen, seinen Enkel loszulassen, damit dieser seinen eigenen Weg gehen kann. Auch der Onkel wollte noch Einfluss auf sein Patenkind nehmen. Nach einigen Minuten gelang es uns, beide dafür zu öffnen, sich durch Helfer in den Himmel begleiten zu lassen. Hier mussten wir besonders darauf achten, dass alle Verbindungen von beiden Seiten durchtrennt wurden. Herr Raimer musste noch einmal sehr bestimmt und authentisch zu seinem Großvater und zu seinem Onkel sagen, dass er in der Lage sei, die volle Verantwortung für sich zu übernehmen.

„Für Sie, Herr Raimer, beginnt jetzt die Arbeit, sich selbst zu entdecken und herauszufinden, wer Sie wirklich sind", ermutigte ich ihn anschließend.

*Fremdeinfluss raubt Energie*

Die neue Geschäftsidee im psychologischen Bereich, die einfach nicht so laufen wollte, wie er es geplant hatte, war das Thema von Herrn Wiegel.

„Vor drei Jahren bin ich aus dem Banken- und Versicherungsgeschäft ausgestiegen, weil ich mich in der Normengesellschaft nicht mehr wohl gefühlt habe. Ich hatte schon lange das Bedürfnis, etwas anderes tun zu wollen. Hartnäckige Zweifel hinderten mich. Es dauerte lange, bis ich mich endlich entschieden habe, diesen Schritt zu machen. Jetzt versuche ich seit fast drei Jahren, in meiner neuen Branche als Organisator für Seminare Fuß zu fassen, aber es läuft schleppend." Das waren Herrn Wiegels einleitende Worte zu dieser Sitzung.

Auch hier bestätigte sich nach Erforschen der Ursache über die Fingermeridiane, dass es sich nicht um seine Unfähigkeit, sondern um einen Fremdeinfluss handelte. Dieser Fremdeinfluss in Herrn Wiegels Aura war der Großvater.

Christoph nahm ihn aus der Aura und bat ihn, sich auf den Stuhl zu setzen, der für ihn bereitstand. Anschließend begann er mit der Aufklärung, damit der Großvater erfassen konnte, dass er schon lange gestorben war. Als gestandener Handwerker brauchte er Beweise. Theoretische Belehrungen reichten da nicht aus. So ließ Christoph ihn mehrere Gegenstände greifen.

„Sehen Sie, Herr Wiegel, Ihre Hand geht durch das Holz hindurch. Sie können es nicht mehr anfassen", sagte Christoph.

Ich sah, wie es für ihn anfangs recht unglaubwürdig war und er gar nicht zufassen wollte.

„So ein Schmarren!", sagte er laut, denn er war es gewöhnt, handwerklich zu arbeiten. Er war Schreinermeister in seiner eigenen Schreinerei.

„Herr Wiegel, Sie sind es gewohnt zu arbeiten und kräftig zuzufassen", mischte ich mich ein, weil ich wahrnahm, dass er von uns glaubte, ihn an der Nase herumführen zu wollen.

„Sehen Sie, Sie haben Ihren Körper losgelassen und sitzen hier in Ihrem feinstofflichen Körper. Deshalb machen wir das Experiment mit Ihnen. Ihr Enkel Reinhard kann Ihnen das auch bestätigen", klärte ich ihn noch einmal auf.

,Wie gut, dass ich die Verstorbenen sehen, hören und deren Gedanken wahrnehmen kann. Denn manche werden richtig böse, wenn sie sich nicht gehört oder verstanden fühlen', dachte ich bei mir.

„Christoph, halte Herrn Wiegel das Holz noch einmal hin", bat ich, „damit er jetzt bestätigt bekommt, was wir ihm vorher erklärten."

Jetzt griff er zu und fühlte zum ersten Mal, dass er das Holz wirklich nicht mehr greifen konnte. Er brauchte ein wenig Zeit, um die neue Erkenntnis zu verarbeiten. Dann baten wir Reinhard Wiegel, mit seinem Großvater zu sprechen.

„Opa", fing er an, „ich erinnere mich, dass ich dir als Kind sehr gern geholfen habe in deiner Schreinerei. Wenn du Zeit hattest, hast du mir auch erklärt, was du aus dem Holz anfertigst. Manchmal durfte ich dir auch die Werkzeuge zureichen oder die Späne zusammenkehren. Wenn es dir zu viel wurde, hast du mich hinaus geschickt."

„Ja, so ein richtig geschickter Handwerker warst du nicht. Ich habe damals schon gesehen, dass aus dir kein Schreiner wird", sagte der Großvater zu seinem Enkel.

„Wenn du schon nicht Schreiner wirst, so lerne wenigstens einen anständigen Beruf, hast du zu mir gesagt. Daran kann ich mich erinnern", bestätigte Reinhard. „Und dieser anständige Beruf war dann Bankkaufmann. Ich habe diesen Beruf auch lange Zeit gern ausgeübt, bis es mir zu eintönig wurde. Es war zuletzt nur noch Routine, und ich fühlte mich nicht mehr wohl."

„Es ist ein guter Beruf, und du verdienst dein Geld", sagte der Großvater eindringlich. „Bei so einem Beruf fragt man sich nicht, ob er eintönig ist. Du hast dort deine Sicherheit. Das ist das Wichtigste."

„Opa, ich möchte gern selbst für mich entscheiden, was ich tun möchte", widersprach Reinhard ihm.

„Herr Wiegel, Ihr Enkel hat ein Recht auf seine eigene Lebensgestaltung", mischte sich Christoph ein.

„Reden Sie nicht dazwischen", sagte der Großvater ärgerlich.

Wir brauchten noch eine ganze Weile, bis wir den Senior überzeugt hatten, dass sein Enkel ein Recht auf seine eigenen Entscheidungen hat. Auch Reinhard erklärte, dass er sehr wohl in der Lage ist, die Verantwortung für sich selbst zu übernehmen.

„Opa, deine Aufgaben sind jetzt im Himmel. Ich wünsche dir alles Gute", verabschiedete sich Reinhard.

Letztendlich war der Großvater bereit, sich den Weg in den Himmel zeigen zu lassen. Mit den abschließenden brummigen Worten „Mach, was du willst!" ging er mit den Helfern.

Am Ende der Sitzung hatte Reinhard Wiegel eine für ihn wichtige Erkenntnis, da er seit längerem schon mit dem Gedanken spielte, seine Tätigkeit wieder zu wechseln. Es hat nie richtig geklappt. Seine Entscheidung war immer wieder von Zweifeln untergraben.

„Mein Großvater konnte mit Verkaufspsychologie und Coaching absolut nichts anfangen", erkannte Herr Wiegel richtig. „Sich seiner selbst sicher und verantwortlich zu werden kostet auch Energie. Aber es macht Freude, sich selbst immer mehr kennen zu lernen", fügte er noch hinzu. „Ich glaube, es lohnt sich, doch weiter am Ball zu bleiben."

Auch in diesem Fall wird bestätigt, dass sich ein Mensch mit Zweifeln herumschlagen muss, die gar nicht seine eigenen sind.

Zwei Gesichtspunkte spielen hier eine entscheidende Rolle. Einerseits das Einwirken der Besetzung, woraus die Zweifel kommen, andererseits die fehlende Abnabelung von Eltern und Großvater, wodurch die Eigenverantwortlichkeit noch eingeschränkt war.

Das war der unbewusste Magnetismus, zu dem der Großvater die Entsprechung hatte und ihn manipulieren konnte.

*Falsches Bemühen*

Nadine Böker wünscht sich seit langem eine berufliche Veränderung. Sie möchte sehr gern im sozialen Bereich arbeiten, entweder in einem Altenheim oder in einer Behindertentagesstätte.

„Auf meine vielen Bewerbungen habe ich bis jetzt nur Absagen erhalten. Ich habe diesen Beruf nicht gelernt, aber verschiedene Kurse absolviert. Es macht mir Freude, im sozialen Bereich zu arbeiten", sagte sie ziemlich emotionslos.

‚Dieser Gesichtsausdruck passt nicht zu den Worten, die sie gerade gesagt hat', dachte ich im Stillen. Freude bringt sich anders zum Ausdruck.

„Was machen Sie denn zurzeit beruflich?", fragte ich.

„Ich habe zwei Halbtagsstellen. Zum einen arbeite ich als Laborantin in einem chemischen Labor, zum anderen als Verkäuferin für Grabsteine", antwortete sie.

„Das sind ja zwei sehr verschiedene Geschäftszweige", bemerkte ich.

„Mein Beruf ist Chemielaborantin. In dieser Firma habe ich nur eine halbe Stelle bekommen", erklärte sie.

„Und eine ganze Stelle in Ihrem erlernten Beruf wollen Sie nicht mehr anstreben?", vergewisserte ich mich.

„Nein".

‚Was hindert mich, das zu tun, was ich möchte?', war also das Einstiegsthema für die Forschung nach der Ursache. Mehrere Meridiane waren blockiert, unter anderem der Pankreasmeridian.

„Was blockiert denn Ihre Lebensfreude?", fragte ich und sah sie an.

„Weiß ich nicht", sagte sie und zuckte mit den Schultern. „Aber ich bin doch froh!", meinte sie.

Ich fragte im Stillen weiter. „Die verstorbene Seele, die Sie blockiert, kommt aus der mütterlichen Richtung. Hat Ihre Mutter eine Schwester?", fragte ich jetzt laut.

„Ja, die jüngere Schwester meiner Mutter starb vor drei Jahren. Seit ihrer Kindheit war sie querschnittsgelähmt und saß im Rollstuhl."

„Wodurch wurde die Querschnittslähmung verursacht?", wollte ich wissen.

„Durch einen Unfall. Sie war damals noch sehr klein – ich glaube ungefähr drei Jahre alt – , als sie von einem Traktor angefahren wurde. Die Wirbelsäule wurde verletzt. Sie hat sich nie etwas anmerken lassen und hat ihr Leben auch im Rollstuhl gemeistert", erzählte Frau Böker. „Wir verstanden uns sehr gut. Deshalb habe ich sie auch oft besucht."

„Wissen Sie, wie der Unfall passiert ist?", fragte ich.

„Nicht so richtig. Es wurde nie ausführlich darüber gesprochen. Ich glaube, meine Mutter sollte auf sie aufpassen. Sie war aber auch erst sechs Jahre alt damals. Meine Mutter leidet heute noch darunter", berichtete sie.

„Das war doch eine glatte Überforderung für Ihre Mutter. Sie war ja selbst noch klein", sagte ich.

„Ja sicher, doch ihr Vater gab ihr Zeit seines Lebens die Schuld an dem Unfall", sagte Frau Böker.

„Dass er selbst seine Aufsichtspflicht verletzt haben könnte, darauf ist er nie gekommen?", fragte ich. „Ich möchte jetzt mit Ihrer Tante sprechen, damit wir sie anschließend in den Himmel begleiten können."

Christoph nahm sie aus der Aura und klärte sie auf. Die Tante saß immer noch in ihrem Rollstuhl. Dass sie das schon nach dem Tod hätte verändern können, kam ihr nicht in den Sinn. Ich fühlte auch die stumme Schuldzuweisung ihrer

Schwester gegenüber. Das hatte sie vom Vater stillschweigend übernommen. Weil sie selbst nie Kinder haben konnte, vereinnahmte sie ihre Nichte. Sie glaubte im Stillen, dass auch diese ein wenig Schuld übernehmen könne.

„Und Sie, Frau Böker, fühlen sich heimlich verantwortlich für beide, für Ihre Mutter und Ihre Tante", sprach ich meine Wahrnehmung laut aus.

„So habe ich das noch nie gesehen, aber es stimmt schon. Ich stand immer zwischen den beiden. Zur Tante gewandt sagte sie: „Tante Ursel, ich möchte mich jetzt von dir verabschieden und dir alles Gute wünschen. Dort oben kannst du so leben, wie es dir hier unten versagt geblieben ist."

Im Rollstuhl sitzend wurde die Tante anschließend von zwei Helferinnen in den Himmel gefahren. Der Gesichtsausdruck hatte von allem ein wenig – zwischen Schuld und Schicksal hinnehmend, doch den sah ihre Nichte nicht.

„Ihr Mitleid und die Schuldgefühle Ihrer Tante gegenüber waren es, die Sie dazu veranlassten, unbedingt mit Behinderten oder im Altenheim arbeiten zu wollen. Sie wollten sich opfern und für Ihre Mutter etwas gutmachen, weil Ihre Tante ja ihr ganzes Leben lang im Rollstuhl gesessen hat.

Ich bin richtig froh, dass Sie in diesem Bereich noch keine Stelle gefunden haben", lachte ich. „Das ist gar nicht Ihr Ding. Gehen sie mal zum Spiegel und schauen Sie sich Ihr Gesicht an", forderte ich sie auf.

Als sie wieder hereinkam, lächelte sie verschämt. Sie hatte es noch nicht so richtig glauben können, dass ihr Gesicht strahlte und sie jetzt auch wieder so jung aussah, wie sie tatsächlich war: Ende zwanzig.

„Sie sollten schnellstens die Verkaufsstelle für Grabsteine beenden und sich mit lebensbejahenden Dingen umgeben. Lebendigkeit ist Ihr Leben. Ich kann Sie sehr gut in der Modebranche sehen", schlug ich ihr vor.

„Ja, Geschenkartikel oder ein Wolllädchen würden mir auch Freude machen", begeisterte sie sich. „Es ist seltsam, aber ich habe jetzt schon keine Lust mehr, mich im sozialen Bereich zu bewerben", stellte sie fest.

„Ich wünsche Ihnen viel Freude dabei, das herauszufinden, was wirklich Ihres ist", sagte ich.

Sie verabschiedete sich von mir mit einem kräftigen Händedruck.

*Lebenskrise seit Jahren*

Als Frau Drexel von uns hörte, hatte sie schon sehr viel innere und äußere Arbeit geleistet. Das betraf sowohl ihren Körper als auch ihre geistige Weiterentwicklung. Sie ernährte sich gesund, achtete auf den sportlichen Ausgleich und bildete sich auch im geistigen und psychischen Bereich durch Ausbildungen und Seminare weiter. Doch ihr Tun schien immer nur für eine gewisse Zeit anzuhalten. Dann fühlte sie sich körperlich wieder energielos. „Ich fühle mich nicht wohl in meiner Haut", sagte sie. Und Entscheidungen, die sie einmal als richtig empfand, zweifelte sie an. Was ihre Lebenssituation betraf, wünschte sie sich endlich wieder eine Partnerschaft.

„Seit elf Jahren lebe ich allein", fing sie an zu erzählen. „Ich war sechsundzwanzig, als meine letzte Partnerschaft zu Ende ging. Ich brauchte lange, um das zu verarbeiten. Zwei Jahre zuvor starb meine Mutter ganz plötzlich. Als ich mich von diesem Schock einigermaßen erholt hatte, kam der nächste mit meiner zerbrochenen Partnerschaft. Das war eine schwere Zeit für mich. Damals tröstete ich mich, dass es gut sei, einige Zeit mit mir selbst zurechtzukommen, um mich wieder zu stabilisieren."

„Daraus sind jetzt elf Jahre geworden", bemerkte ich. „Aus

Ihrer Erzählung entnehme ich, dass sich Seelen Verstorbener in Ihrer Aura befinden. Auch Ihr körperliches Befinden, dieser energieloser Zustand, den Sie beschreiben, deutet darauf hin."

Bei der Frage nach der Ursache über die Fingermeridiane bekam ich meine Vermutung bestätigt. „In Ihrer Aura fühle ich mehrere Besetzungen", stellte ich fest. Nachdem ich sie identifiziert hatte und Christoph durch seine Testung mein Ergebnis bestätigte, nahmen wir alle drei Verstorbenen aus der Aura. Es handelte sich um ihre Mutter und deren Eltern.

„Meine Mutter habe ich vermutet. Aber meine Großmutter kannte ich überhaupt nicht. Sie starb, als meine Mutter ein junges Mädchen war. Es war eine ähnliche Situation wie meine eigene", sagte Frau Drexel.

„Ja, es schien sich zu wiederholen. Es sieht fast so aus, als wollten die Mütter ihr eigenes Leben in der Aura der Töchter fortführen, weil sie für sich selbst nicht eingetreten sind", stellte ich fest.

„Wann starb denn Ihr Großvater?", fragte ich.

„Ich war damals gerade zwei Jahre alt. An ihn kann ich mich auch nicht mehr erinnern", erklärte sie.

„Somit waren die beiden Großeltern in der Aura Ihrer Mutter. Als diese starb, waren von dem Zeitpunkt an alle drei bei Ihnen", erklärte ich. „Vermutlich haben alle drei für Sie entschieden, was gut ist und was nicht."

Wir klärten die Verstorbenen über ihren Zustand auf. Jetzt konnte von allen Seiten noch die Trauer- und Abschiedsarbeit gemacht werden. Anschließend begleiteten Helfer und Helferinnen die Verstorbenen in den Himmel.

Einen Monat später bekam ich die freudige Rückmeldung von Frau Drexel, dass sie sich sehr wohl fühle. Sie habe kurze Zeit nach der Sitzung einen netten jungen Mann kennen gelernt, mit dem sie sich sehr gut verstehe.

*Festhalten am Physischen*

Frau Emmerichs Bruder Wilhelm starb im letzten Jahr. Manchmal trieb sie das schlechte Gewissen auf den Friedhof, um sein Grab zu besuchen. „Doch dort passierte mir etwas ganz Komisches", berichtete sie. „Ich hatte eine Kerze gekauft, um meinem Bruder ein Licht anzuzünden, aber es ging immer wieder aus. Ich zündete es zum vierten Mal an, es flackerte einen Moment und ging wieder aus. Da wurde ich ärgerlich. Auch gut, Wilhelm, dann zünde ich dir eben kein Licht an, schimpfte ich vor mich hin. In dem Moment konnte ich mir nicht erklären, warum das Licht der Kerze erlosch, obwohl es nicht windig war und die Kerze in einem schützenden Becher stand. Ich hatte nur eine Vermutung, und mit der bin ich jetzt hier", berichtete Frau Emmerich. „Kann es sein, dass mein Bruder noch hier unten ist?", fragte sie.

„In Ihrer Aura ist er nicht", stellte ich nach der Abfrage über die Fingermeridiane fest.

„Ich stelle mich mal auf ihn ein", sagte ich zu Frau Emmerich. „Er sitzt an seinem Grab und versteht die Welt nicht mehr. Er fühlt sich doch lebendig, aber auf dem Stein steht sein Name. Als Sie kamen, um ihm ein Licht anzuzünden, war er es, der es immer wieder ausblies", teilte ich meine Wahrnehmung mit.

„Wir hatten ein sehr gespanntes Verhältnis", sagte Frau Emmerich.

„Ich denke, wir rufen ihn über Ihre Aura hier her zu uns", schlug ich vor.

Frau Emmerich war einverstanden, weil sie ihm doch helfen wollte. Er war sehr missmutig gegenüber seiner Schwester.

„Von dir lasse ich mir kein Licht anzünden", sagte er grimmig, als er ihr jetzt gegenüber saß.

„Wilhelm, wir sollten uns doch jetzt wieder verstehen", bat sie ihn. „Ich will dir doch nichts Böses. Wir haben uns als Kinder nie richtig verstanden und viel gestritten. Als Erwachsene haben wir uns meistens gemieden, weil wir immer noch nicht so gut miteinander ausgekommen sind", sagte sie zu ihm. Und zu mir gewandt äußerte sie: „Er ist doch jetzt ein Mann von fast achtzig Jahren! Das ist doch nicht normal", empörte sie sich.

„Das macht nichts", sagte ich. „Die Kindheitserinnerungen scheint er immer noch nicht verarbeitet zu haben. Wenn er zu Lebzeiten nichts reflektiert hat, dann bleibt er in seinem Verhalten immer noch der kleine Bruder. Ich nehme ihn auch so wahr. Er hat noch so ein kindliches Gemüt", sagte ich leise zu Frau Emmerich gewandt.

Wir klärten Frau Emmerichs Bruder über seinen Zustand auf und baten ihn, sich vertrauensvoll an die Helfer zu wenden. Diese würden ihn ganz sicher führen.

Als er vom Stuhl aufstand, um sich von den Helfern in den Himmel begleiten zu lassen, blieb er einen kurzen Moment vor seiner Schwester stehen und streckte ihr die Zunge heraus. Jetzt erst ging er mit.

Ich musste schmunzeln und überlegte kurz, ob ich Frau Emmerich die letzte Geste ihres Bruders mitteilen sollte. Ich tat es. Sie schüttelte mit dem Kopf und sagte: „Ja, so war er."

# Viertes Kapitel

# Was geschieht nach dem Tod?

Beim Tod des physischen Körpers tritt die Seele aus und nimmt die feinstofflichen Hüllen mit: den Mental- oder Gedankenkörper, den Astral- oder Gefühlskörper und den Ätherleib. Wenn die energetische Verbindung, die so genannte Silberschnur, abreißt, tritt der Tod ein. Der Sterbevorgang selbst ist völlig schmerzfrei und verläuft so unspektakulär, dass er nur von bewussten Menschen richtig wahrgenommen wird.

Ein geistig erwachter Mensch verabschiedet sich von ihm Nahestehenden und bittet seine geistigen Helfer um Begleitung in die Lichtwelten. Dort wird er empfangen und liebevoll betreut, bis er bereit ist, seinen Lebensfilm zu betrachten und auszuwerten.

Der Ätherleib löst sich innerhalb von drei bis vier Tagen auf. Aus dem Ätherleib bildet sich der Tunneleffekt, um durch die niederen Astralwelten in den Himmel oder die Lichtwelten gehen zu können. Der Ätherleib besteht aus Lichtpartikeln und ist Träger der Chakren. Wenn dieser Körper aufgelöst ist, ist der Verstorbene nicht mehr in der Lage, Energie aufzunehmen. Bleibt der Verstorbene aus Unwissenheit in Erdnähe, ist es ihm aus eigener Kraft nicht mehr möglich, nach oben zu gehen.

In unseren Sitzungen wird der Tunneleffekt durch die

Ätherleiber der Sitzungsteilnehmer erzeugt. Eine ähnliche Funktion wie unsere Sitzungen könnten die Fürbittegottesdienste der christlichen Konfessionen haben, wenn sie den Verstorbenen die Zusammenhänge richtig erklären würden. Durch das Fürbittegebet der Gemeinde bildet sich ebenso aus deren Ätherleibern der Tunneleffekt. Weil die Verstorbenen aber gar nicht darauf kommen, dass sie gemeint sein könnten, weil ihnen ihr eigener Tod nicht bewusst gemacht wurde, beten sie mit der Gemeinde für andere.

**Bewusstseinszustände Verstorbener**

Viele der in erdnahen Sphären hängengebliebenen Verstorbenen wissen nicht, dass sie ihren physischen Körper abgelegt haben. Denn tot zu sein ist bei einer großen Anzahl von Menschen immer noch mit der Vorstellung verbunden: Jetzt ist alles aus. Dass es in diesem Universum keinen Tod gibt, sondern nur einen Wechsel der Daseinsebene, ist ihnen leider noch nicht bekannt.

Besonders tragisch ist es für unbewusste Menschen, die im Schlaf oder durch einen plötzlichen Herztod sterben. Die Hinterbliebenen glauben irrtümlich, dieser Mensch habe wenigstens einen schönen Tod gehabt, ohne zu leiden. Für die Verstorbenen ist dies allerdings katastrophal, weil sie den Übergang von der einen Ebene in die andere nicht registriert haben. Sie konnten sich nicht vorbereiten. Bei diesem plötzlichen Tod tritt die Seele mit den feinstofflichen Körpern aus dem physischen Körper heraus, steht auf und läuft herum, ohne zu registrieren, dass der fleischliche Körper liegen geblieben ist. Sie empfinden ihren feinstofflichen Körper wie den physischen. So begegnen die Verstorbenen ihren Angehörigen, ohne von ihnen gesehen und gehört zu werden. Zunächst sind sie verwirrt. Manche werden ärgerlich und fangen an zu manipulieren. Andere wiederum resignieren und finden sich mit der Situation ab.

So kennen wir aus der Literatur und aus Kontakten mit Verstorbenen Berichte, dass sie nicht wissen, wann sie aus dem physischen Körper ausgetreten sind. Lediglich an die Jahreszahl können sie sich nach eindringlicher Befragung erinnern. Sie haben auf ihrer Schwingungsebene ein völlig verändertes Zeitgefühl und sind selbst noch Jahrzehnte nach ihrem physischen Tod der Meinung, noch in selbigem Jahr zu sein.

Die verhängnisvollsten Hinderungsgründe für das Wahrnehmen des eigenen Sterbevorgangs sind in falschen religiösen Vorstellungen und theologischen Dogmen zu finden. In den Kirchen der christlichen Konfessionen konnten sie diese wahren Lebenszusammenhänge auch nicht erfahren. Deshalb sind die seelischen Augen der Verstorbenen nur so weit geöffnet, wie es ihre eingrenzenden Glaubenssätze gestatten. Sie sehen ihren feinstofflichen Körper, als ob es der physische wäre. Wenn sie nach dem Ableben in der Nähe ihrer Angehörigen bleiben, sind sie oft darüber verwundert und ärgerlich, dass ihnen niemand mehr zuhört und sie auch sonst keine Beachtung finden. Manche sind verwirrt und resignieren, weil sie sich ihren Zustand einfach nicht erklären können. In unseren Sitzungen stellen wir immer wieder fest, dass es für die Verstorbenen grundlegend wichtig ist, dass sie sich gesehen und gehört fühlen. So können sie ihren Zustand leichter und besser erkennen. Wenn sie einfach nur ins Licht geschickt werden, ohne dass sie sich mitteilen konnten, fühlen sie sich unbeachtet und abgeschoben. Das ist der Grund, warum bei manchen Klienten die Verstorbenen noch in der Aura sind, obwohl sie angeblich ins Licht geschickt wurden.

Für viele Verstorbene ist es ein starkes Bedürfnis, noch mit den Angehörigen zu sprechen, um offene Angelegenheiten zu klären. Viele Klienten sagen uns, dass sie sich von ihren Angehörigen schon verabschiedet hätten. Sie sind der Meinung, dass das von den Verstorbenen gehört worden wäre, wenn sie nur gedanklich mit ihnen Kontakt aufnehmen. Viele Verstorbene sind aber noch nicht offen für telepathische Wahrnehmungen. Sie vernehmen nur das laut gesprochene Wort, weil ihre einengenden Glaubenssätze noch verhindern, dass sie die Gedanken wahrnehmen. Des Weiteren fühlen sich viele Verstorbene nicht angesprochen, weil sie nicht registriert haben, dass sie gestorben sind. Häufig befinden sie sich schon kurz nach dem Loslassen des physischen Körpers in der Aura eines Angehörigen. Dort kommen sie schon gar nicht auf die Idee, dass sie gemeint sein könnten, weil sie den Körper des Besetzten als ihren eigenen betrachten.

Bei unserer Arbeit mit Verstorbenen haben wir festgestellt, dass diese sehr rasch gegenwärtig sind, wenn wir über sie sprechen. Die Nennung des Namens reicht meist aus, um sie zu rufen.

Unsere verstorbenen Vorfahren und Verwandten haben sich zu Lebzeiten selten Gedanken über tiefere Lebenszusammenhänge gemacht. Sie sind zur Kirche gegangen und gehörten meist einer christlichen Konfession an. Aber nur sehr wenige wussten von ihrem inneren Selbst und noch seltener fühlten sie es. Menschen in diesem Bewusstseinszustand sind sehr auf die Bestätigung, vor allem ihrer Familienmitglieder angewiesen. Sie fühlen sich selbst kaum. Sie brauchen die bestätigende Gegenwart ihrer Mitmenschen, um wenigstens ein schwaches Gefühl ihres Seins zu haben. Wenn diese Menschen sterben, sie also den physischen Körper loslassen, dürften sie sich nach ihren Überzeugungen nicht mehr wahrnehmen. Sie tun es aber und sind überzeugt, dass sie nicht gestorben sein können. Sie erfassen meist noch nicht, was geschehen ist. Manche laufen dann zu Hause herum und versuchen, mit den Angehörigen zu reden, aber niemand reagiert auf sie. Viele kommen dann in einen erbarmungswürdigen Zustand von Angst und oft auch Panik. Denken sie dann angstvoll an einen nahe stehenden Menschen, sind sie bei ihm und infizieren ihn mit ihrer Angst. Sie wissen ja nicht, dass nur der Gedanke an einen Menschen ausreicht, um in dessen Aura zu landen. Viele Klienten kommen zu uns, weil sie unerklärliche Angst- und Panikattacken haben. Unsere bisherige Erfahrung hat uns gezeigt, dass die Ursache dabei meist eine Besetzung ist.

Die besetzenden Wesen haften dann in der Aura eines ihnen nahe stehenden Menschen und benutzen ihn als Wirt. Sie ziehen Energie ab und beeinflussen den Gemütszustand ihres Wirtes dahingehend, dass er oft müde und unausgeschlafen ist und zu Trägheit neigt. Die Besetzung kann so weit gehen, dass der Betroffene Todessehnsüchte entwickelt, weil die Erinnerung an den Sterbevorgang und die Sehnsucht zu sterben bei manchen besetzenden Seelen noch präsent sind. Da der Tod jedoch nach ihrer Auffassung noch nicht eingetreten sein kann, haben sie den Wunsch, doch endlich sterben zu können, um von ihrem Jammertal hier auf der Erde befreit zu sein.

Das sind jedoch die harmloseren Fälle. Andere Besetzungen manipulieren in ihren Familien noch schlimmer, als sie es zu Lebzeiten taten. Sie säen Neid und leben ihre Rache aus. Erbstreitigkeiten haben hier oft ihren Ursprung. Mancher Konflikt in Familien wird durch solche Besetzungen ausgelöst und keiner der noch lebenden Beteiligten weiß so recht, worum es eigentlich geht.

Zwei Umstände sind uns am häufigsten begegnet: Der eine ist das Festhalten der hinterbliebenen Angehörigen am Verstorbenen durch einen eventuellen plötzlichen Tod und die nicht verarbeitete Trauer, das Nicht-Wahrhaben-Wollen des Todes. Der andere Umstand ist das Festhalten des Verstorbenen am Irdischen, weil aus Unwissenheit über den eigenen Zustand die Entscheidung fehlt, in den Himmel gehen zu wollen.

**Weitere ausgewählte Fälle aus unserer Praxis**

*Verstorbene mit falschen religiösen Vorstellungen*

Nach einer Sitzung mit einer Klientin, deren Mutter wir ermöglichten, in den Himmel zu gehen, musste Christoph an seine eigene Mutter denken und erzählte von ihr. „Meine Mutter war sehr religiös. Sie las viel in der Bibel und führte ein aufopferungsvolles Leben. Sie war nur fünf Jahre verheiratet, 1946 verstarb ihr Mann. Mit zwei kleinen Kindern hat sie als Krankenschwester den Lebensunterhalt verdient. Sie starb 1999 am gleichen Tag wie dreiundfünfzig Jahre zuvor ihr Mann." Wir spürten beide, dass wir sie mit dem kurzen Gespräch gerufen hatten. Gudrun-Anna stellte sich auf sie ein und berichtete ihre Wahrnehmung: „Deine Mutter war zunächst verwirrt, dass niemand mehr mit ihr sprach. Die Vorbereitung für die Beerdigung bekam sie mit und erkannte, dass sie wohl gestorben sein müsse. Sie war zunächst ganz deprimiert, dass Jesus sie nicht gerufen hatte und kam völlig durcheinander mit ihrem Glauben. Nachdem sie diese Enttäuschung einigermaßen überwunden hatte, ist sie auf die Suche nach ihrem verstorbenen Mann gegangen. Sie konnte ihn nirgends finden."

Wir wussten aus zuverlässiger Quelle, dass Christophs Vater inzwischen wieder inkarniert war. Deshalb war er für sie nicht auffindbar.

Jetzt schaltete sich Christoph ein: „Mutter, schön, dass du hier bist. Wir hatten geglaubt, du seiest schon im Himmel. Du erinnerst dich sicher, dass ich vor deinem Tod des Öfteren mit dir über das Sterben gesprochen habe. Ich habe versucht, dich gut darauf vorzubereiten. Aber du hast mir nicht geglaubt. Du glaubtest immer noch, dass du nach deinem Tod erst einmal beerdigt wirst und am jüngsten Tag weckt dich der liebe Jesus wieder auf. Nun werden wir dir heute helfen, den Weg in den Himmel zu finden."

„Ja, jetzt merke ich, dass das wohl richtig war, was du mir erzählt hast", antwortete sie.

„Weißt du, deine Entscheidung ist wichtig, näher bei Gott im Himmel zu sein. Dann können dir die Helferinnen den Weg zeigen. Dein jüngster Tag ist heute, an dem du das ewige Leben erfährst. Alles Liebe auf deinem Weg in den Himmel und gehe mit Gottes Segen", verabschiedete Christoph seine Mutter.

Wir baten um zwei Helferinnen, die sie begleiten sollten. Sie ging bereitwillig mit durch ein großes schönes Tor in die Lichtwelten.

*Hinterbliebene, die nicht loslassen können*

Eines Morgens saßen wir beim Frühstück und unterhielten uns über einige Verwandte. Gudrun-Anna erinnerte sich an einen nahen Verwandten, der vor einigen Jahren verstorben ist. Sie mochte ihn. Plötzlich sagte sie: „Du, ich glaube, er ist hier. Ich fühle ihn."

Ich ging zu ihr mit der Winkelrute, testete in ihrer Aura und stellte ebenfalls fest, dass er bei ihr war. Wir beschlossen, eine Sitzung zu machen. Ich bat ihn aus der Aura auf einen bereitgestellten Stuhl. Gudrun-Anna konnte ihn nun deutlich sehen und sprach mit ihm.

„Danke Hilmar, dass ich die Sitzung aufzeichnen darf. Bei deiner eigenen Beerdigung sah ich dich hinter dem Sarg stehen und sagte zu dir: ‚Hilmar, drehe dich um und gehe in die Lichtwelten.' Du hast damals wörtlich gesagt: ‚Ich weiß nicht, wie.' Damals habe ich deine Mitteilung nicht verstanden und nicht gewusst, was ich noch hätte tun sollen", erklärte ich.

Er berichtete, dass es ihm bewusst war, gestorben zu sein. Wörtlich sagte er: „Es war entsetzlich. Das hat alles so lange gedauert, weil ich immer wieder zurück gerissen wurde. Ich dachte nur, ich werde wahnsinnig, wenn ich diese Panikattacken länger ertragen muss. Ich wusste, ich würde sterben – ich wollte loslassen, weil ich keine Luft mehr bekam. So etwas will ich nie wieder erleben müssen."

„Zurück gerissen durch was, durch Medikamente?", fragte Christoph.

„Nein, durch meine Frau. Ich hätte sie am liebsten rausgeschickt, aber ich konnte das nicht mehr sagen, weil ich mich zu schwach fühlte. Ich wollte gerne meinen Frieden haben. Das Ringen um Luft hat mich sehr viel Kraft gekostet. Außerdem waren da noch mehrere andere Menschen und auch Ärzte. Die Aufgeregtheit war so groß und verstärkte meine Angstzustände. Das war für mich grauenhaft."

Während des Sterbens im Krankenhaus war seine Frau neben seinem Bett. Sie dramatisierte und jammerte. Dadurch wurde er immer wieder fest gehalten. Sein Sterben wurde zur Pein. Schuldgefühle und Mitleid nahmen ihm innerlich den Raum, sich für die geistige Welt und deren Helfer zu öffnen.

„Hast du denn registriert, dass du aus dem Körper ausgetreten bist – dass du da gestorben bist?", fragte Christoph.

„Ja, ich habe mich vorher damit auseinander gesetzt", antwortete Hilmar.

„Das stimmt", bestätigte ich. „Damals war ich sehr erschrocken, als du erwähntest, sterben zu wollen, weil deine Krankheit immer weiter fortschritt, was ich auch nicht wahrhaben wollte. Ich hatte dich gebeten, doch nicht so negativ zu reden. Ich mochte dich und wollte mich mit deinem Tod auch nicht auseinandersetzen.

Als ich dir damals riet, doch in die Lichtwelten zu gehen, hast du geantwortet, du wüsstest nicht, wie. Bitte kläre uns mehr auf, damit wir auch hier verstehen, was nach dem Tod passiert."

„Ich fühlte mich zerrissen und wie an beiden Armen nach zwei Seiten gezogen. Ich dachte, ich werde in der Mitte zerteilt. Das habe ich gefühlt, damals. Ich weiß, dass du mir das gesagt hast, aber ich fühlte mich ständig zurück gerissen. Und dann hatte ich das Gefühl, ich muss noch hier bleiben, damit ich alle trösten ... – nein trösten nicht – ich wollte ihnen helfen, darüber hinwegzukommen. Dann habe ich gemerkt, dass das nicht geht. So hing ich hier fest."

„Hilmar, du hast also gehört, was ich zu dir in der Friedhofshalle gesagt habe? Und deine innere Zerrissenheit ließ dich die Entscheidung treffen, bei deiner Familie zu bleiben. Und dein Entschluss, hier zu bleiben, ließ dich den Absprung nicht mehr finden. Ist das so?", fragte ich weiter.

„Ja. Ich weiß nicht ..."

Christoph fragte: „Du hast dich gar nicht mehr daran erinnert, dass es die Lichtwelten geben könnte?"

„Nein, ich war ständig hier unten festgehalten. Das war wie eine graue Masse."

„Fühle mal genau hin! Kann es sein, dass du dich festhalten ließest, weil du ein schlechtes Gewissen wegen deines zu frühen Sterbens oder Schuldgefühle deiner Familie gegenüber hattest?"

„Ich hatte auch Schuldgefühle. Aber jetzt will ich gehen. Ich konnte bisher nicht, weil da ständig dieser Sog war. Ich habe begriffen, dass ich hier nichts mehr tun kann."

„.Hilmar, bedeutet das, dass du hier unten auch zwanghaft gebunden warst?", fragte ich.

„Ja. So ist es."

Als wir die feinstofflichen Helfer baten, ihn nach oben zu begleiten, dankte er uns dafür. Ich begriff zum ersten Mal, dass es für die Verstorbenen auch eine Qual sein kann, hier unten bleiben zu müssen, weil sie den Absprung nicht geschafft haben.

*Nicht vollzogene Trauerarbeit*

Frau Almut Wondera und ihre Töchter Sarah und Tatjana kamen zu uns, weil sie den Tod des Familienvaters noch nicht verarbeitet hatten. Paul Wondera, Ehemann und Vater, starb vor siebzehn Jahren an Leukämie. In dieser Sitzung war es notwendig, die Aufklärungs- und Abschiedsarbeit zu machen, damit beide Seiten wirklich loslassen konnten.

Tatjana sagte mit Tränen in den Augen: „Papa, ich glaube bis heute, dass du mich damals extra mit Tante Karin und Onkel Karl in Urlaub geschickt hast, weil ich dir auf die Nerven ging. Ich war damals sieben Jahre alt und habe dich oft gefragt, warum du so traurig bist und so oft ins Krankenhaus musst. Du hast gesagt, es sei nicht so schlimm. Du hast mich weggeschickt, weil du mich nicht mehr bei dir haben wolltest. Und dann habe ich gehört, wie Tante Karin leise zu Onkel Karl sagte, dass wir alle nach Hause fahren müssen, nachdem sie den Telefonhörer aufgelegt hatte. Paul sei gestorben. Damals habe ich nicht verstanden, was sie meinte. Als ich wieder nach Hause kam, warst du nicht mehr da."

„Tatjana, glaube mir, ich habe dich sehr lieb. Aber damals glaubte ich, es sei besser, wenn ihr beiden Kinder mich nicht dauernd krank sehen müsst", sagte der Vater.

Und Sarah sagte mit leiser Stimme: „Papa, ich war gerade drei Jahre alt, als du starbst. Ich kann mich kaum noch an dich erinnern. Ich habe mir immer eingebildet, zwei Kinder seien für dich zu viel. Ich sei schuld, weil es dich überfordert hat. Deshalb bist du gestorben."

Paul war entsetzt über die Mitteilung seiner Töchter. So hatte er das damals nicht gesehen. Er wollte seine Kinder von seinem Leid fernhalten, deshalb sprach er zu seinen Lebzeiten nicht viel über seine Krankheit. Dass das ein Fehler war, konnte er jetzt deutlich sehen.

„Sarah, du warst noch so klein damals. Glaube mir, wie sehr ich mir gewünscht habe, dich auch aufwachsen zu sehen. Ich habe alles getan, damit die Krankheit nicht so schnell vorangehen sollte. Ich wollte es selbst nicht wahrhaben und habe es verdrängt. Ich habe dich auch sehr lieb", flüsterte Sarahs Papa mit belegter Stimme.

„Ich habe ein Bild von dir in meinem Zimmer stehen, weil ich dich auch lieb habe und weil es mich daran erinnert, dass ich einen Papa habe", erwiderte Sarah.

Tatjana sage dazu: „In der Schule war es grausam. Einige Kinder sagten zu mir, dass sie noch einen Papa haben und ich nicht. Ich wollte gar nicht mehr in die Schule gehen."

Paul hatte das alles nicht geahnt, welches Ausmaß sein Schweigen haben würde. „Ich hätte so gern weitergelebt. Ich hatte Angst vor dem Sterben."

Almut, seine Frau, sagte mit belegter Stimme: „Wir haben so viel gemeinsam durchgestanden. Warum bist du gerade in den Stunden gestorben, als ich vom Krankenhaus nach Hause gefahren bin, um kurz nach dem Rechten zu sehen. Abends wollte ich wieder bei dir sein. Und dann kam der Anruf vom Krankenhaus, du seiest gerade gestorben. Ich könne kommen, wenn ich dich noch einmal sehen wollte. Ich hatte das Gefühl, den Boden zu verlieren. Damit hatte ich nicht gerechnet." Es lagen noch Wut und gleichzeitig Enttäuschung in ihrer Mitteilung.

„Ich wollte allein sterben, weil ich dich nicht belasten wollte, mich so hilflos zu sehen. Du weißt, dass ich immer sehr viel Stärke nach außen hin gezeigt habe. Ich traute dir damals nicht zu, dass du für mich dieser Halt sein könntest. Ich hätte dich einfach nur bitten müssen, da zu bleiben. Ich fühlte mich schon sehr schwach. Aber mit solchen Gefühlen konnte ich nicht so gut umgehen. Jetzt weiß ich, dass mein Verhalten falsch war", sagte Paul verzweifelt.

Seine Frau verstand ihn. Sie sagte erleichtert und mit Tränen in den Augen: „Es ist schön, dass ich noch einmal mit dir reden konnte und dass ich jetzt das Gefühl haben kann: ‚Es ist gut.' Trotzdem hatte ich Wut auf dich, weil du in der Zeit gestorben bist, in der ich nicht da war."

„Ich verstehe dich auch", sagte Paul lächelnd.

Nachdem der Familiendialog beendet war, klärte ich ihn auf: „Herr Wondera, Sie haben sich die ganze Zeit in erdnahen Sphären aufgehalten und sind noch nicht in den Himmel gegangen. Sie waren wechselweise bei allen Ihren Familienmitgliedern, vielleicht auch an Ihrer Arbeitsstelle. Ihre ältere Tochter erzählte mir, dass sie sehr gern in einem Pflegeheim arbeiten würde, nachdem ihr das Praktikum dort sehr viel Spaß gemacht hat. Sie selbst waren ja Pfleger in einem Behindertenheim und Sie liebten ihre Arbeit sehr, wie ich von Ihrer Frau weiß."

Herr Wondera bejahte es mit Kopfnicken.

Ich fühlte, dass diese Aussprache für alle Beteiligten sehr wichtig war. Alle konnten sich mitteilen und beide Seiten fühlten sich verstanden.

„Ich weiß, dass ich jetzt gehen und euch allein lassen muss. Aber ich weiß auch, dass ihr alle groß seid und ganz für euch allein sorgen könnt", sagte Paul halb scherzhaft. Und wieder ernst fügte er hinzu: „Ich habe eine wundervolle Familie. Ich bin stolz auf euch."

„Herr Wondera, Sie können sich oben beraten lassen, wenn Sie Kontakt zu Ihrer Familie aufnehmen wollen", klärte Christoph ihn noch auf.

Er nickte, stand auf und verabschiedete sich von jeder Einzelnen mit einer Umarmung und ein paar persönlichen Worten. Anschließend wandte er sich seinen Helfern zu und sagte: „Wir können jetzt gehen."

Alle emotionalen Bindungen wurden rituell durchtrennt. Ich begleitete ihn mit seinen Helfern bis zum Himmelstor. Es öffnete sich, und er trat ein. Anschließend wurde es wieder geschlossen.

„Ich danke Ihnen für diese wunderschöne Sitzung und dafür, dass ich Sie begleiten durfte", sagte ich zu den drei Frauen, die ein bisschen müde, aber glücklich und gelöst waren.

*Aufklärung über den Tod des Vaters*

Gerlinde König lernten wir über ein Seminar kennen. Sie kam mit frühen Kindheitswunden in Kontakt und konnte den Tod ihres Vaters immer noch nicht verwinden.

„Das ist jetzt über zwanzig Jahre her, und es trifft mich immer noch, wenn ich daran denke. Ich dachte, ich hätte es schon verarbeitet", sagte sie mit Tränen in den Augen. „Mein Vater hat Selbstmord begangen", erinnerte sie sich. „Ich war damals zwölf Jahre alt. Als ich morgens zur Schule ging, schien alles noch ganz normal zu sein. Nichts deutete auf etwas Ungewöhnliches hin, außer, dass ich ihn Tage vorher geärgert hatte. Er war schnell mal böse, aber dann beruhigte er sich wieder. Als ich von der Schule nach Hause kam, standen Autos von Verwandten vor unserer Tür. Meine Tante nahm mich gleich an der Haustür in Empfang und brachte mich in mein Zimmer. Sie hatte ein verheultes Gesicht, sagte aber nichts zu mir. Ich war ganz verstört und fragte nach meiner Mutter. Ich könne sie jetzt nicht sehen, antwortete mir meine Tante. Ich solle in meinem Zimmer bleiben. Sie sagte es und war auch schon verschwunden. Ich wartete, mir schien es wie eine Ewigkeit, aber niemand kam mehr zu mir. Ich schlich mich aus meinem Zimmer und stand vor der Küchentür, die einen Spalt breit geöffnet war. Meine Tante, mein Onkel und meine Mutter saßen mit verweinten Gesichtern da. Ich hörte meine Mutter sagen: ‚Warum musste er das tun? Warum hat er sich umgebracht?' Und langsam begriff ich, dass es sich um meinen Vater handelte. Niemand sprach offen mit mir darüber. Bis heute glaube ich noch, dass ich Schuld bin an seinem Tod, weil er sich über mich geärgert hat. Diese Ungewissheit ließ mich fast verzweifeln. Manchmal schaffe ich es, diese Angst zu verdrängen. Doch dann fühle ich mich wieder wie in einem Loch sitzend", berichtete sie jetzt weinend.

„Gerlinde, dein verstorbener Vater ist hier. Du kannst mit ihm sprechen", sagte ich leise.

„Ich glaube, ich habe Angst."

„Christoph und ich sind bei dir. Es ist wichtig, dass du dir Klarheit verschaffst."

Ich sah, wie sie sich langsam entspannte, und Christoph konnte jetzt ihren Vater aus der Aura bitten.

„Guten Tag, Herr König", begrüßte ich ihn. „Ihre Tochter und auch Ihre Familie sind bis heute im Ungewissen darüber, warum Sie sich umgebracht haben. Sie haben keinen Abschiedsbrief hinterlassen. Bitte sagen Sie uns, was damals in Ihnen vorging. Warum haben Sie ihr Leben beendet?"

Er saß sehr lässig auf dem Stuhl, so, als wolle er gleich wieder zur Arbeit gehen. Er war selbständig und hatte einen eigenen Handwerksbetrieb. An jenem Morgen ging er wie gewohnt aus dem Haus in seinen Betrieb.

„Ich wollte mich gar nicht umbringen. Ich wollte nur ein bisschen drohen, damit meine Familie wieder liebevoller mit mir umgeht", sagte er.

„Sind Sie denn liebevoll mit Ihrer Familie umgegangen?", fragte ich zurück. „Ihre Tochter glaubt heute noch, sie sei schuld an Ihrem Tod."

„Papa, du hast oft sehr viel getrunken. In deinem angetrunkenen Zustand warst du unausstehlich. War unser Streit damals der Auslöser für deinen Tod?", fragte Gerlinde ängstlich.

„Nein, daran kann ich mich gar nicht mehr erinnern", erwiderte Gerlindes Vater. Ich wollte euch einfach erschrecken", sagte er und grinste. „Scheint wohl schief gegangen zu sein."

„Jetzt verstehe ich auch, warum du einen Schal um deinen Hals gewickelt hattest. Keiner hat das verstanden", sagte Gerlinde jetzt ärgerlich. „Und wir haben uns alle schuldig gefühlt! Ich danke dir, dass ich das jetzt von dir erfahren habe. Das nimmt mir einen großen Druck vom Herzen. Ich möchte, dass du jetzt gehst."

„Wieso soll ich jetzt gehen?", fragte er zurück.

„Weil Sie verstorben sind und in den Himmel gehören", antwortete ich und bat zwei Helfer, ihn nach oben zu begleiten.

„Ich gehe nur mit, wenn da oben auch eine Party für mich gefeiert wird", sagte er.

„Genau so war er. Er wollte immer im Mittelpunkt stehen", erinnerte sich Gerlinde König. Wir baten die Helfer, oben eine Party zu organisieren. Als er das Treiben sehen konnte, war er bereit in den Himmel zu gehen.

Wochen später sagte Gerlinde König uns, dass es ihr sehr gut gehe. Ihr sei ein Stein vom Herzen gefallen durch dieses aufklärende Gespräch. So wurde die Schuld von ihr und ihrer Familie genommen, denn die Verantwortung für sein Handeln lag bei ihm. Sie könne jetzt endlich wieder an sich selbst denken.

*Abschied vom Sohn*

Frau Moser hatte durch Zufall von uns erfahren und glaubte, den Tod ihres damals dreijährigen Sohnes überwunden zu haben, der durch einen Unfall ums Leben gekommen ist.

„Als ich von Ihnen hörte, war mein Schmerz doch wieder gegenwärtig. Deshalb drängte es mich zu kommen", sagte sie zu Beginn der Sitzung. „Ich fühle jetzt auch, dass ich den Schmerz nur verdrängt habe. Ich bin ganz aufgeregt bei der Vorstellung, gleich mit meinem kleinen Sohn sprechen zu können.

Ich weiß gar nicht, ob ich das alles verkrafte. Ich muss bestimmt die ganze Zeit weinen. Ich war eine schlechte Mutter für meinen Sohn, weil ich immer so nervös und hektisch war. Ich hätte mehr auf ihn aufpassen müssen, dann wäre das alles nicht passiert. Er ist sonst nie mit seinem Fahrrädchen auf die Straße gefahren. Warum hat er es getan?"

Alle Befürchtungen und Selbstbeschuldigungen musste sie erst einmal loswerden, bevor ich etwas zu ihr sagen konnte.

„Frau Moser, es geht nicht darum, sich selbst anzuklagen oder zu richten. Sie haben große Schuldgefühle wegen Ihrer mangelnden Fürsorge, wie Sie glauben. Ich kann Ihre Zweifel und Ängste verstehen. Hier geht es um die Verarbeitung der Trauer auf beiden Seiten. Es ist wichtig, sich selbst anzuerkennen mit aller Fehlbarkeit, sonst können Sie Ihrem Sohn gar nicht zuhören. Er wird gleich hier sein, damit Sie noch Wesentliches mit ihm klären können. Wenn es für Sie wichtig ist, bekomme ich auch direkten Zugang zur Seele Ihres Jungen. Es kann sein, dass er eine Botschaft für Sie hat", anerkannte ich ihre Befürchtungen und klärte sie auf. Ich spürte ihre Nervosität und beruhigte sie.

„Sind Sie jetzt bereit, mit Ihrem Sohn zu sprechen?", fragte ich. Sie nickte.

Christoph nahm den kleinen Tobias aus ihrer Aura und fragte ihn, ob er zur Mama auf den Schoß möchte.

Ich sah, wie er nickte und hochklettern wollte. Seine Mama streckte ihm schon die Arme entgegen. Es mischten sich Freudentränen, dass sie sich noch einmal fühlten und miteinander sprechen konnten mit Tränen des Schmerzes über den Tod. Beide hielten sich eng umschlungen und sagten sich alles, was ihnen noch am Herzen lag. „Frau Moser, die Botschaft der Seele von Tobias ist, dass sie zu diesem Zeitpunkt gehen wollte. Ihre Vorwürfe wegen mangelnder Aufsichtspflicht sind unbegründet", teilte ich die Botschaft mit. Ich spürte, wie sie sich entspannte und beide jetzt die Zeit miteinander noch genießen konnten.

Als ich ein Engelwesen herunter bat, um den kleinen Tobias in den Himmel zu bringen, war der Schmerz so weit verarbeitet, dass sich beide gelöst voneinander verabschieden konnten.

„Jetzt kann ich ihn wirklich gehen lassen", sagte Frau Moser mit leiser Stimme und Tränen in den Augen. „Ich weiß, dass unsere geistige Verbindung bestehen bleibt."

*Abschied vom Freund*

Agnes Pelzers Thema war eine Lebenskrise gepaart mit Existenzängsten, als sie zu uns kam.

„Ich habe es bis jetzt noch nicht geschafft, für mich und meinen Sohn eine Basis zu schaffen. Ich arbeite und arbeite und komme auf keinen grünen Zweig. Ich bin selbständig. Irgendetwas scheine ich falsch zu machen. Meine Arbeit trägt keine Früchte. Zu allem Übel ist jetzt auch noch meine Partnerschaft in die Brüche gegangen. Ich will aber für mein Kind den Vater erhalten", erzählte sie in einem leicht melancholischen Ton.

„Wer hat sich denn getrennt, er oder Sie?", fragte ich.

„Er", antwortete Frau Pelzer.

„Mögen Sie ihn denn noch?", fragte ich weiter.

„Er ist der Vater meines kleinen Sohnes", antwortete sie ausweichend. „Ich habe mich selbst noch nicht gefragt, ob ich ihn noch mag. Vielleicht bin ich gar nicht fähig, eine richtige Partnerschaft zu führen – die vorige ging auch in die Brüche."

Diese ständige Melancholie in ihrer Stimme ließ mich stutzig werden, und ich fragte, ob sie sich schon einmal mit dem Thema Besetzungen befasst habe. Gehört habe sie schon davon, antwortete sie. Ich klärte sie darüber auf und fragte, ob sie einverstanden sei, dass wir über die Aura testen.

Christoph stellte bei ihr zwei Besetzungen fest. Die eine war ihre vor drei Jahren verstorbene Tante, die sie sehr mochte. Die andere Besetzung war ein Mann – nicht aus ihrer eigenen Familie. Sie stutzte für einen Moment und sagte dann: „Das kann nur Fred sein."

Christophs Test bestätigte das. Nun war Frau Pelzer sehr überrascht. Sie erzählte: „Er war meine große Liebe, als ich zwanzig Jahre alt war. Er war genauso alt wie ich. Wir mochten uns sehr. Doch bevor wir unsere Liebe richtig leben konnten, starb er bei einem Motorradunfall."

Sie musste sich erst einen Moment sammeln und darauf vorbereiten, bevor Christoph ihn aus der Aura nehmen konnte. Mit seiner Anwesenheit hatte sie überhaupt nicht gerechnet.

„So wie es scheint, ist er auch schon länger bei Ihnen", sagte Christoph.

Als der junge Mann vor ihr saß und Christoph ihm erklärte, dass er einen Motorradunfall hatte, unterbrach er ihn mit den Worten: „Gott sei Dank, ist ja noch mal gut gegangen!"
„Nein, es ist nicht gut gegangen. Sie sind bei dem Unfall ums Leben gekommen", widersprach Christoph.
„Weißt du das denn nicht?", fragte Frau Pelzer erstaunt.
„Nein."
„Kannst du dich denn noch an den Unfall erinnern?", fragte sie weiter.
„Ja, es war halbdunkel, und aus dem Feldweg kam ein Traktor. Ich bin ausgewichen. Ich muss wohl gestürzt sein, denn meine Maschine war kaputt. Mehr weiß ich nicht", erzählte er.
„Du bist wirklich bei dem Unfall ums Leben gekommen. Ich war total geschockt damals, weil du plötzlich nicht mehr da warst. Unsere Liebe hatte noch nicht mal richtig begonnen", sagte sie mit belegter Stimme.
„Aber ich war doch da. Du hast mich nicht mehr beachtet", widersprach er, „weil du mein Hobby nicht mochtest."
„Dieser Unfall war wirklich tödlich", sagte Christoph noch einmal und hielt ihm ein Glas hin, welches er greifen sollte. „Sehen Sie, es geht nicht. Sie haben nur noch Ihren feinstofflichen Körper."
Langsam begriff er es. Nach einer Weile ließ er sich von den Helfern in den Himmel begleiten. Es braucht oben wahrscheinlich noch einige Zeit, bis er begreift, dass ihm sein Hobby zum Verhängnis geworden ist.
Frau Pelzer verstand jetzt auch, dass sie unbewusst bis heute immer noch an dem jungen Mann hing. Der Schock über den Verlust des Freundes ließ sie in diesem melancholischen Zustand verharren. Die Trauer wurde nie verarbeitet. Eine neue Partnerschaft konnte so nicht funktionieren.
Die verstorbene Tante haben wir anschließend auch in den

Himmel begleitet. Ihr Thema war zu Lebzeiten: „Ich weiß nicht, was meine eigenen Bedürfnisse sind." Sie war immer nur für andere da. Hier erkannte Frau Pelzer, warum sie sich nicht berechtigt fühlte, ihre Selbständigkeit auf eine gute materielle Basis zu stellen.

Bei einem weiteren Termin Wochen später erzählte mir Frau Pelzer, dass sie einen netten Mann kennen gelernt habe, mit dem sie glücklich sei.

Freudiger Empfang im Himmel. Schön, dass du da bist.

## Festhalten Verstorbener am Irdischen

*Sitzung mit Frau Birk*

Hier geht es um eine Klientin, die ich schon sehr lange kenne. Ihr verstorbener Vater war in ihrer Aura.

Frau Birk klagte wieder einmal über Hüftschmerzen, obwohl sie sich nicht überanstrengt hatte. Weiterhin berichtete sie, dass ihr in der letzten Zeit des Öfteren ihr Vater in den Sinn gekommen sei. Natürlich machte uns das hellhörig. Wir stellten seine Anwesenheit fest.

Christoph nahm ihn aus der Aura und bat ihn, sich auf den bereitgestellten Stuhl zu setzen, damit ich mit ihm sprechen konnte. Ich stellte ihm damals noch aus Unwissenheit die Frage, warum er ausgerechnet in der Aura von Frau Birk war, obwohl er sie von seinen Kindern am wenigsten mochte.

Erst viel später in meiner Arbeit erkannte ich, dass diese Frage keinen Sinn macht. Das ‚Warum' können Verstorbene nicht beantworten, weil ihnen nicht bewusst ist, dass sie durch ihr Denken an eine bestimmte Person in deren Aura landen.

In ihrer Familie war Frau Birk die Außenseiterin. Des Vaters Lieblingstochter war die jüngste Schwester. Die Hassbeziehung zur älteren Tochter war stärker als die Zuneigung zur jüngeren. Nicht die positive Bindung ist der Bezug, sondern die Intensität der emotionalen Beziehung ist ausschlaggebend.

Wenn ich bei meiner Wahrnehmung bleibe, während Christoph die Verstorbenen aufklärt, bekomme ich die Fragen beantwortet, auch ohne dass sie ausgesprochen werden. Gedanken und Gefühle können von Verstorbenen nicht mehr verborgen werden, da sie die Dämpfung des physischen Körpers nicht mehr haben.

Während ich seine Gedanken wahrnahm, sprach er sie gleichzeitig auch laut aus: „Du vergisst, dass dein Haus auch mein Haus ist. Schließlich hast du es mit meinem Geld gebaut." Frau Birk war zunächst einmal sprachlos. Es handelte sich hier um das Pflichterbteil, was auch ihr als seiner Tochter zugestanden hatte. Seine Sicht war eine andere, und er glaubte, hier noch Rechte zu haben. Er war jetzt zwanzig Jahre tot, und das Haus wurde vor vierzig Jahren gebaut. Patriarchen halten am Besitz fest. Sie geben nie etwas aus freien Stücken. Alles gehört ihnen, und sie kontrollieren noch über den Tod hinaus.

Ich sah den Vater von Frau Birk vor mir sitzen mit seinem immer leicht hämisch grinsenden Gesicht, was mir zu seinen Lebzeiten noch sehr bekannt war. Dieser Gesichtsausdruck machte mich hilflos und wütend zugleich, weil er nicht ehrlich ist. Die Gedanken dahinter konnte ich früher nicht erkennen. Nun konnte ich es, und es erschreckte mich. Ich bat um mehrere feinstoffliche Helfer, die ihn nach oben begleiten sollten, weil ich ahnte, zwei seien nicht genug. Er wollte die Kontrolle und die Macht hier unten über den vermeintlichen Besitz behalten. Ich war froh, dass er nach längerer Überzeugungsarbeit endlich mit den Helfern gegangen ist.

Einige Wochen später berichtete Frau Birk freudig, sie könne jetzt auch wieder in tiefem Wasser schwimmen. Durch unerklärliche Ängste war sie seit vielen Jahren nicht mehr ins Tiefe gegangen. Früher habe sie immer schwimmen können. Sie habe sich nie erklären können, warum sie in Panik kam, wenn sie den Kontakt zum Boden verlor.

„Konnte Ihr Vater schwimmen?", fragte ich sie.

„Nein", war ihre erstaunte Antwort. „Er war wasserscheu."

*Sitzung mit Familie Wassermann*

Ein anderer Fall begegnete uns in einem Haus, welches von den Großeltern an die Enkelin vererbt worden war.

Bei der Familie schlichen sich nach und nach körperliche Probleme ein. Herr Wassermann klagte häufig über hohen Blutdruck und Schmerzen an der Wirbelsäule. Frau Wassermann hatte auch immer wieder einmal Rückenprobleme. Die Kinder waren groß, lebten aber noch im Haus. Die älteste Tochter hatte gerade eine halbseitige Gesichtslähmung hinter sich und der jüngste Sohn leidet seit seinem vierzehnten Lebensjahr an Diabetes.

Es schien alles fast normal zu sein, bis wir zu einem Vortrag eingeladen wurden. Seit langer Zeit sollten in diesem Haus einige Umbauten vorgenommen werden. Geplant war ein schöner Vortrags- und Seminarraum, in welchem auch Christoph seinen Vortrag halten sollte. Nur weil unser Termin dort näher rückte, haben die Wassermanns in den letzten Tagen alles daran gesetzt, diesen Raum betretbar zu machen.

„Ich verstehe das nicht", sagte Frau Wassermann. „Ich habe mich selbst auf diesen Raum gefreut, weil es auch mein Arbeitsraum werden soll. Dieser Raum ist schon lange eine Baustelle. Der anberaumte Vortrag motivierte uns, den Raum fertig zu stellen", erklärte sie uns.

Die Farben pastellrot und hellgelb schmückten die Wände und der Fußboden war aus Holz.

„Alles sieht doch sehr ansprechend aus und ist auch noch rechtzeitig fertig geworden. Was wirklich hinter den Verzögerungen steckt, werden wir morgen herausfinden", sagte Gudrun-Anna.

Während unserer Sitzung am nächsten Tag stellte sich heraus, dass beide Großeltern noch im Haus waren. Die Großmutter war krank und sehr lange bettlägerig.

„Sie starb in ihrem ehemaligen Schlafzimmer oben im ersten Stock, welches jetzt das Zimmer unseres jüngsten Sohnes ist", erklärte Frau Wassermann. „Ich war damals noch ein Kind. Das war vor über vierzig Jahren", sagte sie erstaunt.

Ich lenkte mein Bewusstsein in das Zimmer und teilte meine Wahrnehmung mit: „Ihre Großmutter glaubt immer noch, dass sie krank ist und im Bett liegen muss. Das Bett steht an der Wand gegenüber dem Fenster."

„Das ist genau die Stelle, wo auch das Bett meines Sohnes steht", wunderte sich Frau Wassermann.

Ich spreche die Großmutter an, aber sie reagiert nicht auf mich. Auch auf ihre Enkelin reagiert sie nicht. Sie liegt sehr abwesend im Bett.

Inzwischen nahm ich auch den Großvater wahr. Erst als dieser die Treppen hinaufstapfte und sich bei seiner Frau über die Enkelin und deren Ehemann beschwerte, reagierte die Großmutter mit einem kurzen Kopfnicken. Er regte sich darüber auf, wie sie das Haus verunstaltet und das Zimmer in so blöden Farben angestrichen hätten.

„Jetzt verstehe ich, warum wir mit dem Raum nicht fertig geworden sind", empörte sich Frau Wassermann und sagte zu ihrem Großvater: „Du hast hier so gelebt, wie du es wolltest. Wir wollen es anders gestalten, so wie es uns gefällt."

„Guck mal, was du gemacht hast, du versaust das Zimmer", schimpfte er und zeigte auf die rote Wand.

„Das gefällt uns aber", mischte sich jetzt auch Herr Wassermann ein.

„Du sei ganz ruhig", wetterte der Großvater zurück.

Christoph griff ein und klärte beide auf, dass sie schon vor langer Zeit verstorben seien, wobei die Großmutter nicht mehr viel wahrnahm. „Sie müssen hier auf der Erde loslassen und im Himmel Ihr Leben weiter gestalten. Sie werden dort

Ihr Haus wiederfinden und können es nach Ihren eigen Vorstellungen bewohnen."

Ich bat die Helferinnen, die Großmutter in ihrem Bett in den Himmel zu fahren, weil sie nicht mehr laufen könne. Der Großvater stapfte wütend nebenher. Ihm wurde oben sein Haus im Feinstofflichen gezeigt. Er bat sofort um einen Eimer mit weißer Farbe, damit er das Zimmer wieder umstreichen könne.

Tatsächlich sah ich ihn mit Eifer die Wände streichen, bevor das Tor geschlossen wurde.

*Sitzung mit Familie Eckner*

Frau Eckner hatte ihren Mann zu uns gebracht, der sich wegen Schmerzen im unteren Rückenbereich kaum noch rühren konnte. Er stand kurz vor einer Operation wegen eines Bandscheibenvorfalls. Doch das wäre der letzte Schritt nach Ausschöpfung aller Möglichkeiten.

„Jetzt beginnt die Arbeit draußen auf den Feldern und ich kann mich nicht bewegen", sagte er.

„Mein Mann ist mit Leib und Seele Landwirt. An der Arbeit kann es nicht liegen", sagte Frau Eckner. „Ich verstehe meinen Mann sehr gut, dass er ungeduldig wird. Wir haben auch schon einige Therapien hinter uns, die alle nicht erfolgreich waren."

Ich entdeckte mit Hilfe der psycho-energetischen Methode Störungen einiger Meridiane. Beim genaueren Hinterfragen bemerkte ich eine Schlafplatzstörung und vier verstorbene Seelen in der Aura.

„Das ist eine ganze Menge", sagte ich. „Die Schlafplatzstörung wird Ihnen mein Mann noch genauer beschreiben, wenn er über Ihre Aura mutet. Die Verstorbenen sind aus Ihrer eigenen Familie. Es sind die Eltern Ihres Vaters. War Ihr

Vater auch schon Bauer auf dem Hof?", fragte ich.

„Ja, er hat den Hof von seinen Eltern übernommen. Aber Gründer waren meine Urgroßeltern. Seither ist der Hof im Familienbesitz. Natürlich wurde er mehr und mehr modernisiert, womit mein Vater auch einverstanden war. Meine Eltern helfen uns. Sie leben mit uns im Haus", sagte Herr Eckner

Nachdem Christoph durch das Muten die Ergebnisse bestätigt hatte, nahm er alle vier Verstorbenen aus Herrn Eckners Aura. Es waren beide Großeltern väterlicherseits, der Großvater mütterlicherseits und dessen ledige Schwester. Christoph klärte alle auf. Er versicherte ihnen, dass sie dort, wo sie ab jetzt zu Hause sind, ihren Bauernhof weiter bearbeiten können. Der Großvater mütterlicherseits hatte seinen eigenen Hof. Sie ließen sich auch von den Helferinnen und Helfern nach oben begleiten. Ich sah beim Öffnen des Himmelstores die Bauernhöfe der beiden Großväter. Weil ich wahrnahm, dass die Verstorbenen ihr ganzes Leben lang gearbeitet hatten, bat ich die Helfer, sie auf einer Bank, die vor dem Haus stand, ausruhen zu lassen. Die Großmutter Eckner setzte sich nicht dort hin. Sie könnte ja von den Nachbarn gesehen werden, dass sie nichts zu tun habe. Sie ging ins Haus.

„Herr Eckner, mit diesen ruhelosen Verstorbenen in der Aura kamen Sie selbst gar nicht zur Ruhe", sagte ich. „Ihr Rücken konnte diese Belastungen nicht mehr tragen. Sie müssen sich jetzt trotz der vielen anstehenden Arbeit noch eine Weile schonen."

Eine Woche später rief Herr Eckner an und sagte: „Nach der Sitzung bei Ihnen ließ der Schmerz im Rücken nach, und seit gestern ist er wieder da. Was kann denn da noch sein?"

„Es kann sein, das Verstorbene aus der Familie Ihrer Frau zu Ihnen wechseln. Außerdem ist es möglich, dass da noch jemand auf Ihrem Hof herumgeistert", antwortete Christoph.

Wir vereinbarten einen neuen Termin bei Eckners zu Hause. Dadurch konnte Christoph auch gleich die Schlafplatzuntersuchung mit vornehmen.

Vor Ort stellten wir fest, dass die verstorbenen Großväter seiner Frau zwischen ihnen beiden wechselten. Natürlich hatten beide Großväter auch einen Bauernhof. Sie hatten sich auf Milchviehwirtschaft verlegt, was von deren Nachkommen abgeschafft wurde. Eckners hatten noch eine große Anzahl von Kühen, so dass beide Großväter hier auch noch mitmischen wollten.

Und wie von uns schon vermutet, waren die Urgroßeltern, die Gründer des Hofes, auch noch hier. Der Urgroßvater arbeitete im Stall und auf dem Hof, die Urgroßmutter fand ich in der Küche. Die Gebäude sind heute zum großen Teil umgebaut. Mir zeigte sich aber noch das alte Bild. Hier war bei allen Verstorbenen die Identifikation mit ihrem Hof, mit dem, was sie sich erschaffen hatten. Sie konnten nicht loslassen und wollten sich immer noch durchsetzen. Nach der Belehrung, die etwas länger dauerte, waren alle Verstorbenen bereit, mit den Helferinnen und Helfern in den Himmel zu gehen. Wir sagten ihnen, dass sie oben ihre Angehörigen wieder treffen könnten, die wir vorher schon hochbegleitet hatten.

„So, jetzt kann mein Mann noch Ihren Schlafplatz untersuchen und entstören. Dann können Sie Ihre Therapien fortsetzen, und Ihr Körper kann regenerieren", sagte ich.

Nach ein paar Wochen Pause und Erholung hörten wir, dass Herr Eckner wieder voll einsatzfähig war.

Wir haben den Fall der bäuerlichen Familie Eckner exemplarisch herausgenommen. Vergleichbare Geschichten erleben wir oft mit verstorbenen Bauersleuten. Verständlich ist die entstandene Identifikation mit dem Hof durch lebenslange mühevolle Arbeit. Will der Jungbauer eine neue Methode im Hof einführen, die dem Verstorbenen in seiner Aura nicht passt, gibt es ständig Spannungen oder Blockaden in den entsprechenden Meridianen und Nervenbahnen. Das kann dann zu Bandscheibenvorfällen, Leistenbrüchen, Nierenbeschwerden, Leberschäden, Verdauungsproblemen und vielem mehr führen. Das sind nur einige Symptome, mit denen bäuerliche Klienten zu uns kommen.

Schlimmer und gefährlicher kann es werden, wenn die Erben den Hof aufgeben und verpachten oder verkaufen. Der verstorbene Altbauer setzt in der Regel alles daran, die fremden Eindringlinge von seinem Besitz zu vertreiben. Dabei sind schon schwere Unfälle verursacht worden. Es kommt auch vor, das ein Hof innerhalb kürzester Zeit mehrmals verkauft wird, weil sich die Käufer so unwohl fühlen, dass sie nur noch weg wollen.

*Unsere eigene Erfahrung*

Als wir in einem circa einhundert Jahre alten Jugendstilhaus eine Wohnung bezogen hatten, machten wir eine lehrreiche Erfahrung.

Der Umzug hatte uns körperlich sehr angestrengt. Auch in den folgenden Tagen konnten wir uns nicht erholen, weil wir die Wohnung einrichten mussten. Erst als wir die Grundordnung hergestellt hatten, nahmen wir uns Zeit für ein ausgedehnteres Frühstück, worauf wir uns beide freuten. Nach kurzer Zeit begannen wir miteinander zu streiten. Wir waren selbst verwundert darüber, weil wir den Grund des Streits nicht erkennen konnten, und schauten uns fragend an. „Da reitet uns doch etwas Fremdes", sagte Christoph.

Wir entsannen uns des Gespräches mit dem Vermieter bei der Besichtigung der Wohnung. Er teilte uns mit, dass hier zuvor schon zweimal Paare jeweils nur für kurze Zeit gewohnt und dann gekündigt hatten, weil sie nach Streitigkeiten auseinander gegangen seien. Wir wären schon reifer an Jahren, da hätte er größeres Vertrauen, dass wir uns nicht gleich trennen würden.

Die Rekapitulation des Gespräches ließ uns nach verstorbenen Seelen forschen. Wir stellten fest, dass sich fünf Wesenheiten im Haus aufhielten. In unserer angemieteten Wohnung entdeckten wir zwei Verstorbene, die sich von uns sehr gestört fühlten. Es handelte sich um eine Frau, die in ihrem Bett verstorben war und im Feinstofflichen immer noch dort lag. Der zweite Verstorbene war ein Mann, der zwar im Krankenhaus starb, aber wieder in die Wohnung zurückgekehrt war, weil er glaubte, wieder gesund zu sein. Dies sei seine Wohnung, sagte er. Er müsse die Wohnung schon mit der alten Frau teilen, die nicht aus ihrem Bett aufstehe. Jetzt seien schon wieder fremde Leute hier. Damit meinte er uns.

Wir erklärten ihm, dass er wahrscheinlich schon vor längerer Zeit im Krankenhaus verstorben sei. Da ihn bis jetzt niemand wahrgenommen hatte, stritt er immer durch einen der Mieter.

Die alte Frau kümmerte das nur insofern, als dass die Betten der Nachmieter wieder an der gleichen Stelle im Schlafzimmer aufgestellt wurden, wo auch das Bett der Frau gestanden hatte, als diese die Wohnung bewohnte. Der neue Mieter, der an dieser Stelle schläft, fühlt sich morgens unausgeschlafen oder oft auch mürrisch. Er hat sich mitten in die Frau hinein gelegt, ohne es zu wissen. Das macht energielos.

Außer den beiden verstorbenen Vormietern sprachen wir noch mit der Tochter des früheren Hausbesitzers, die auch schon seit vielen Jahren verstorben war. Sie war immer noch überzeugt davon, als nachfolgende Erbin und Verwalterin des Hauses nach dem Rechten sehen zu müssen. So hatte es der Vater verlangt. Im Treppenhaus fanden wir noch zwei weitere Verstorbene, die wir baten, sich zu uns zu gesellen, damit wir sie alle über ihren Zustand aufklären konnten. Wir erklärten, dass wir die neuen Mieter der Wohnung seien. Der Tochter des Vorbesitzers erklärten wir, dass das Haus schon lange von jemand anderem gekauft worden sei und sie jetzt auch wirklich gehen könne.

Als alle Verstorbenen ihre Lage verstanden hatten, baten wir Helfer und Helferinnen, die Seelen in den Himmel zu führen.

Anschließend hatten wir ein ausgiebiges Frühstück und brachten mit neuem Tatendrang unsere Wohnung in Ordnung.

# Fünftes Kapitel

# Symptome durch Besetzungen

In unserer praktischen Arbeit mit Besetzungen stellen wir mit Erstaunen fest, dass kaum ein Krankheitssymptom existiert ohne Fremdeinwirkung durch Verstorbene. Meist finden wir außer Besetzungen noch andere Ursachen. Das können Störungen am Schlafplatz sein, durch geomantische Linien, Verwerfungen oder Wasseradern und Elektrosmog im weitesten Sinne. Des Weiteren sind einengende Gedankenmuster, Flüche und Verwünschungen sehr beeinträchtigend für unseren Energiefluss. Es gibt sicher noch weitere Ursachen. Doch eines haben sie gemeinsam: sie schwächen unsere Lebensenergie. Durch die Arbeit mit den Fingermeridianen und das Muten mit der Winkelrute sind wir in der Lage, die verschiedenen Ursachen aufzuspüren. Auffallend dabei ist, dass von allen Ursachen die Besetzungen in der Aura meist die stärkste Wirkung haben. Deshalb verstehen wir zutiefst, dass Schamanen der Naturvölker als erste Maßnahme bei Erkrankten die „bösen Geister austreiben." Erst dann beginnt die Heilbehandlung.

Wenn Menschen zu uns kommen und ihre Symptome schildern, überprüfen wir zu Beginn der Sitzungen, ob fremde Seelen in der Aura sind. Unsere bisherige Erfahrung ist, dass die meisten Menschen, die zu uns kommen, Besetzungen in der Aura haben. Das Phänomen ist also wesentlich häufiger anzutreffen als vermutet. Selten finden wir nur eine fremde Seele. Oft sind es drei und mehr. Sieben fremde Seelen waren bisher die höchste Anzahl. Das war bei einer Klientin, die eine Woche zuvor ihre Familienaufstellung erlebte. Alle Verstorbenen, die aufgestellt waren, befanden sich in ihrer Aura.

Wenn wir verschiedene Symptome und Besetzungen in Zusammenhang bringen, wollen wir diese keinesfalls immer als die alleinige Ursache benennen. Sie können alleinige Ursache sein, müssen aber nicht. Wir haben festgestellt, dass Krämpfe in den Beinen, vor allem nachts, meistens von Besetzungen verursacht werden. Wenn ein Verstorbener sich nähert und in die Aura eines Menschen eindringt, ist er meist auf einem niedrigen Energieniveau. Der Meridian, dem er am nächsten kommt, wird angezapft. Nahe Nervenbahnen werden ebenso energetisch abgesaugt. Der plötzlich auftretende starke Energiestrom in den Nerven lässt die entsprechenden Muskeln stark kontrahieren, und der Krampf ist schmerzhaft spürbar. Sobald die Besetzung herausgenommen wird, löst sich der Krampf und der Schmerz lässt nach.

Eine Frau meldete sich mit dem Symptom Bluthochdruck. Seit sie in der Wohnung wohne, hätte sie Probleme mit dem Blutdruck. Da sie sehr gesundheitsbewusst war, hatte sie sich ein eigenes Blutdruckmessgerät zugelegt. Abends, wenn sie sich zum Schlafen legte, dauerte es nicht lange und der Blutdruck ging hoch, begleitet von Angstgefühlen. Vor Ort konnten wir feststellen, dass sich in ihrem Schlafzimmer die verstorbene ehemalige Hausbesitzerin aufhielt. Da die Verstorbene alkoholkrank war, lag sie meist im Bett. Wenn die Frau schlafen ging, legte sie sich mitten in die Verstorbene hinein. Der plötzliche Energiebedarf am Kreislaufmeridian ließ den Puls hochgehen und damit den Blutdruck.

# Einzelne Symptome

*Atemnot*

Frau Gerany kam zu uns mit dem Thema: „Ich bin oft so atemlos. Was nimmt mir denn die Luft?"

Nach einleitender Anwendung der psycho-energetischen Methode kam ich sehr schnell darauf, dass die Ursache für die Atemlosigkeit vor circa zehn Jahren begonnen haben muss und eine Beeinflussung von außen vorlag. Ich fragte, wer denn vor ungefähr zehn Jahren gestorben sei.

„Mein Bruder", antwortete sie.

Ich fragte weiter, ob ich denn Kontakt mit dieser Seele haben könne. Ich wollte den Bruder belehren, dass er bei seiner Schwester in der Aura nichts zu suchen habe. In dem Moment hörte ich eine Stimme mit den Worten: „Ich aber noch nicht!"

„Wie bitte? Ist da noch jemand?", fragte ich Frau Gerany erstaunt.

„Das kann nur mein Vater sein", meinte sie. „Aber der ist viel später gestorben."

„Er scheint auch noch hier zu sein", vermutete ich und erhielt beim Abfragen der beiden Namen über die Fingermeridiane die Bestätigung.

„Jetzt verstehe ich, warum es mir die Luft nimmt und ich oft so nervös bin. Mein Bruder und mein Vater mochten sich nicht besonders", sagte sie erstaunt.

Als ich mit beiden sprechen wollte, waren sie nicht bereit, gemeinsam vor mich hin zu treten und zu reden. Beide hatten Angst, der eine könnte dem anderen etwas nachteilig auslegen. Außerdem wollte der Vater auch nicht der Erste sein, der geht. Es könnte ja sein, dass sein Sohn noch etwas mitteilte, was er nicht hören sollte. Dieser Vater wollte die absolute

Kontrolle über seine Kinder behalten.

Bruder und Schwester mochten sich zu Lebzeiten, deshalb war er auch bei Frau Gerany hängen geblieben. Er war einsichtiger, begriff auch, dass er jetzt gehen musste. Aber mit seinem Vater gemeinsam wollte er auch nicht gehen. So begleiteten wir zuerst ihn mit Hilfe von geistigen Helfern ins Licht.

Mit dem Vater war es wesentlich schwieriger. Er glaubte sogar, jetzt, wo sein Sohn ihn nicht mehr behinderte, könne er ja bleiben. Er wollte weiterhin seine Tochter als Leibeigene besitzen. Erst, als Frau Gerany ihren Vater ziemlich zurechtwies, dass er jetzt endlich gehen solle, weil sie selbst sehr oft an Atembeschwerden litt und die Energie für zwei nicht mehr aufbringen könne, wurde ihm das ein wenig bewusst – nicht einsichtig, sondern im Trotz.

Es dauerte einige Zeit, bis wir, seine Tochter und ich, zusammen mit den geistigen Helfern, diesen Mann so weit überzeugt hatten, dass er endlich mit ihnen ging.

Er raubte Frau Gerany und auch mir zu guter letzt noch so viel Energie, dass wir beide hinterher ziemlich ausgelaugt waren.

„Ich fühle mich wie neu geboren, obwohl ich jetzt müde bin", sagte meine Klientin glücklich. Auch ich hatte das Gefühl, ihr gerade in ein neues Leben verholfen zu haben.

*Bronchitis mit beginnendem Asthma*

Die Familie Funke kannte ich schon von früheren Sitzungen. Diesmal ging es um die dreijährige Tochter Marlene. Sie hatte innerhalb von sechs Monaten wiederholt eine starke Bronchitis. Das Fieber stieg jedes Mal auf fast vierzig Grad, was mit Penicillin behandelt wurde. Seit ein paar Wochen kamen sogar asthmatische Anfälle dazu. Der Facharzt riet den Eltern, vorsichtshalber ein krampflösendes Mittel zu sprühen, damit die Anfälle im Rahmen blieben. Ab jetzt müsse sie wohl damit leben, wurde ihnen von dem Arzt gesagt. Mit dieser Information kamen Herr und Frau Funke mit ihrer kleinen Tochter zu uns. Der Gesundheitszustand der Kleinen machte beiden Angst.

„Ich kann doch nicht den ganzen Tag auf sie aufpassen, damit sie nicht ohne Jacke draußen herumspringt. Sie ist ein sehr lebhaftes Kind, das nicht den ganzen Tag im Zimmer bleibt", sorgte sich Frau Funke.

„Nein, das müssen Sie auch nicht. Bei der Beschreibung der Symptome werde ich hellhörig", antwortete ich. Bei der Abfrage der Ursache über die Fingermeridiane stellte ich schnell fest, dass es sich hier um einen Fremdeinfluss handelte. Zwei Meridiane – das sind Energiebahnen im Körper – waren blockiert. Ich stellte zwei Besetzungen fest, und Christophs Test bestätigte es. Beide Großeltern von Herrn Funke saßen im Brustbereich der Kleinen.

„Kein Wunder, dass du Atemnot bekommst und deine Abwehrkräfte geschwächt sind, Marlene", sagte ich.

Nach der Aufklärung des weiteren Verlaufs der Sitzung nahmen wir beide Großeltern aus der Aura der Kleinen und baten sie auf die bereitgestellten Stühle. Ich war froh, dass Herr Funke auch mitgekommen war. So konnte er sich noch von seinen Großeltern verabschieden und beiden mitteilen, was ihm noch am Herzen lag. Frau Funke kannte die Großeltern ihres Mannes nicht, weil sie schon gestorben waren, als sie ihn kennen lernte.

Marlene sagte zu ihnen in ihrer kindlichen Naivität: „Ihr müsst jetzt in den Himmel gehen. Macht's gut, ihr beiden."

Monate später rief Herr Funke an, um uns mitzuteilen, dass bei seiner Tochter seit der Sitzung keine Bronchitis und kein Asthma mehr aufgetreten ist. „Darüber sind wir sehr glücklich. Sie ist seitdem nicht mehr krank gewesen. Auch das krampflösende Sprühpräparat ist überflüssig. Wir haben es seit der Sitzung nicht mehr benutzt."

Einige Wochen später rief Frau Funke nochmals an und war ganz betrübt darüber, dass Marlene auf sie und ihren Mann aggressiv reagiere. Unerklärliche Aggressionsattacken traten in völlig friedlichen Familiensituationen auf. Zum vereinbarten Termin in der Sitzung stellten wir fest, dass eine verstorbene Tante der Mutter zwischen ihr und Marlene wechselte. Die Mutter erinnerte sich, dass diese Tante als zänkisch in der Familie bekannt war. Nun wurde ihr klar, warum sie selbst und auch ihre Tochter manchmal so garstig waren.

Frau Funke konnte sich nicht erklären, warum diese verstorbene Tante ausgerechnet bei ihrer Tochter in der Aura war. Durch Nachfragen erfuhren wir, dass Frau Funke zusammen mit Marlene ihre Eltern besucht hatte. Die Tante wohnte bis zu ihrem Tod im Haus der Eltern.

Nachdem wir der Tante geholfen hatten, den Weg in den Himmel zu finden, war das Verhältnis von Mutter und Tochter wieder ausgeglichen.

*Bronchitis, Lungenentzündung und Atemnot*

Die Mutter von Phillip war am verzweifeln, weil ihr Sohn ständig krank war und wichtigen Lernstoff in der Schule versäumte. Außerdem konnte Phillip oft nicht am Sportunterricht teilnehmen und auch nicht mit anderen Kindern herumtoben, weil er schnell außer Atem geriet.

Ich bemerkte, dass er zu Anfang unserer Sitzung ziemlich müde und energielos war. Die zwei Stockwerke, die er hochsteigen musste, machten ihm zu schaffen. Die Mutter erzählte mir, dass die Bronchitis in ziemlich kurzen Abständen kam und immer mit Antibiotika bekämpft wurde. Außerdem habe er gleich nach der Geburt eine Lungenentzündung gehabt.

Beim Abfragen nach der Ursache der Symptome stellte ich fest, dass Lungen- und Bronchenmeridiane blockiert waren. Hier nahm ich deutlich den Fremdeinfluss von außen wahr. Es handelte sich um die verstorbenen Großeltern von Frau Häcker, die wechselweise bei Mutter und Sohn waren. Die Großeltern spürten wir im Lungenbereich von Phillip.

Christoph nahm zuerst die Großmutter aus der Aura und bat sie auf den Stuhl.

„Wir möchten auch noch Ihren Mann dazu holen, der auch noch hier ist", sagte Christoph.

Frau Häckers Großmutter fing gleich an zu erzählen: „Mein Mann ist im Krieg gefallen. Und fast zur gleichen Zeit, drei Monate später, starb auch mein kleiner Sohn Walter. Er war gerade zwei Jahre alt. Es waren damals schwere Jahre für mich."

„Jetzt verstehe ich, warum Ihre Großmutter bei Ihrem Sohn in der Aura ist, Frau Häcker", bemerkte ich.

„Frau Karges, wir bitten jetzt Ihren Mann hier her und Ihren kleinen Sohn holen wir auch", sagte Christoph. „So sind Sie mit ihrer Familie wieder zusammen."

Wir alle im Raum spürten die beglückende Energie des Wiedersehens, die von den drei Verstorbenen ausging. Mit dem kleinen Walter auf dem Arm ließen sich die Großeltern von Frau Häcker mit Hilfe der Helfer in den Himmel begleiten.

Für Phillip war sofort nach der Sitzung spürbar: Er konnte wieder springen, ohne gleich außer Atem zu geraten. Er war ganz aus dem Häuschen vor Freude. Diesen Zustand kannte er schon lange nicht mehr.

*Neurodermitis*

In einem weiteren Fall ging es um die schwere Neurodermitis der kleinen Marianne. Sie war vier Jahre alt, als wir sie kennen lernten. Die Mutter und auch Marianne waren verzweifelt, weil nichts zu helfen schien von all dem, was sie unternommen hatten. Die Neurodermitis hatte sich schon über den ganzen Körper ausgedehnt, und manchmal wusste Marianne nicht, wo sie sich zuerst kratzen sollte.

„Ich weiß nicht mehr, wie ich ihr noch helfen soll", sagte Frau Lachner hilflos. „Wir waren bei vielen Ärzten, haben auch die Ernährung umgestellt, nichts hat bis jetzt geholfen. Ich versuche, sie von vielen Stresssituationen fern zu halten, weil es danach besonders schlimm ist. Sie kratzt, bis es blutet. Das Schlimmste ist jedoch, dass sie von einer Minute zur anderen aggressiv auf mich reagiert, wenn ich ihr helfen will. Ein anderes Mal bin ich wieder ihre liebste Mama. Das verstehe ich überhaupt nicht."

Hier ist die kurze Zusammenfassung der Sitzung: Es handelte sich um den Großvater von Frau Lachner, Anton Häuser und dessen verstorbenen Bruder, Georg Häuser. Beide waren während der Sitzung anwesend und mit beiden habe ich gesprochen.

Die Brüder Anton und Georg mochten sich nicht besonders. Man kann es auch als eine Hassbeziehung bezeichnen. Georg, der jüngere, war immer neidisch und eifersüchtig auf den älteren Bruder Anton, der verheiratet war. Er selbst hatte keine eigene Familie gegründet und wurde zu allem Übel zum Militärdienst kurz vor Kriegsende eingezogen. Schon auf dem Militärtransport zur Front starb er. Das registrierte er aber nicht. Er war nur sauer darüber, dass er nur für so kurze Zeit weg musste von zu Hause. Das hätte man sich auch sparen können, erklärte er.

„Herr Häuser, Sie wissen also nicht, dass Sie verwundet wurden und starben?", fragte ich ihn.

„Nein, ich stieg aus dem Zug aus und hörte lautes Knallen um mich herum. Ich fuhr dann mit dem Zug wieder nach Hause", erzählte er.

Als Antons Sohn Fritz, der spätere Vater von Frau Lachner, einige Jahre darauf eine Familie gründete und Töchter bekam, hatte Georg Häuser nichts eiligeres zu tun, als dort hin zu gehen. Das war es, was er sich selbst auch gewünscht hatte, eine eigene Familie. So wechselte er zwischen der ältesten und der zweitältesten Tochter, der Mutter von Marianne, hin und her. Inzwischen starb auch Anton, er war der Lieblingsgroßvater von Frau Lachner. Es ist verständlich, dass nun Anton Häuser zu seiner Lieblingsenkelin ging, wo jedoch sein verhasster Bruder auch schon manchmal war. Frau Lachner fühlte sich oft zerrissen und müde, wofür sie keine Begründung fand. Erst jetzt, wo ich mit den beiden Brüdern sprechen konnte, war sie in der Lage, die Zusammenhänge zu erkennen.

Als dann die kleine Marianne geboren war, wechselte Großvater Anton zu ihr. So war die Kleine seit ihrer Geburt besetzt.

„Hier muss ich mich nicht ständig mit meinem Bruder auseinandersetzen", sagte er abfällig, was bei dem anderen auch wieder Zorn auslöste. Es brauchte einige Zeit, um die beiden zu beschwichtigen.

Anton hatte die kleine Marianne so in Besitz genommen, dass diese nur noch aus ihrer Haut fahren wollte. Das äußerte sich dann als Jucken am ganzen Körper. Es gab wirklich keine Stelle, die nicht von Neurodermitis befallen war.

Als wir beide Brüder aus der Aura von Tochter und Mutter herausgenommen hatten, schlief die kleine Marianne sofort auf dem Schoß ihrer Mutter ein. Wir konnten sehen, dass sich die Haut sofort erholte und sie sich kein einziges Mal im Schlaf kratzte.

„Das war schon lange nicht mehr so", sagte Frau Lachner glücklich.

Die beiden zänkischen Brüder davon zu überzeugen, dass sie hier nicht mehr hingehörten, war gar nicht so einfach. Als wir ihnen versprachen, dass sie nicht miteinander gehen müssen, ließen sie sich von den Helfern in den Himmel begleiten. Sie gingen verschiedene Wege.

Nach der Sitzung fragte ich die Mutter: „Wissen Sie jetzt, warum Ihre Tochter manchmal aggressiv auf Sie reagierte?"

„Ja", sagte sie, „weil der eine Bruder manchmal bei mir und der andere immer bei Marianne war. Die beiden konnten sich einfach nicht leiden und stritten dann miteinander."

Schon beim Verabschieden fiel uns auf, dass Marianne ein ganz anderes Kind geworden war als Stunden zuvor. Ihre Lebendigkeit war zurückgekehrt. Sie fing an, mit ihrem Stofftier zu spielen, welches sie mitgebracht, aber zunächst gar nicht beachtet hatte. Auch die roten Flecken im Gesicht waren verblasst.

In diesem Fall wird deutlich, dass der äußere Konflikt zwischen der vierjährigen Tochter und ihrer Mutter ein Streit zwischen Besetzungen war, der mit den sichtbaren Personen nur wenig zu tun hatte. Unsere Wahrnehmung für derartige Konflikte ist sehr geschult worden.

Bei einem späteren Gespräch mit der Mutter erzählte sie, dass die Haut sich langsam regenerierte.

Monate später schrieb sie uns einen Brief. *„Marianne geht es sehr gut. Es ist so schön, ich freue mich sehr darüber. Die vier Jahre mit dieser hartnäckigen Neurodermitis sind endlich vorbei. Marianne sagte an ihrem fünften Geburtstag, so schön wie jetzt sei es noch nie gewesen. Das verdanke ich zum großen Teil auch euch. Ihr habt mir so viel geholfen.*

*Wir waren danach noch einmal in der Klinik. Jetzt konnte die Therapie anschlagen und Mariannes Haut heilen. Vielen Dank für eure Hilfe."*

### Ängste mit Selbstzweifeln

Karin Kehlheims Anliegen waren ihre Ängste. Sie zweifelte immer wieder an sich selbst.

„Es gibt keinen Grund für meine Ängste. Ich fühle mich wohl in meiner Familie, meiner sechsjährigen Tochter fehlt nichts, außer, dass sie auch sehr ängstlich ist. Aber das hat sie bestimmt von mir übernommen", meinte Frau Kehlheim.

„Am Arbeitsplatz gibt es auch nichts zu bemängeln. Trotzdem überkommen mich ganz spontan Ängste. Sie kündigen sich nicht vorher an. Für mein Verhalten beschimpfe ich mich dann selbst. So ein Verhalten hatte ich früher nicht. Ich habe mich oft gefragt, ob das mit zunehmendem Alter schlimmer wird", erzählte Frau Kehlheim zu Beginn der Sitzung.

„Um Himmels willen, nein", lachte ich.

„Wenn diese Angst wieder da ist, ist mir das sehr unangenehm. Ich traue mich das überhaupt niemandem mehr zu sagen. Mein Mann hört schon gar nicht mehr hin. Es sind Lappalien. Trotzdem ist es für mich schlimm", berichtete Karin Kehlheim.

„Sie sagten, früher hätten Sie diese Ängste nicht gehabt. Seit wann ist es Ihnen denn aufgefallen?", fragte ich.

„Vielleicht vor zwei oder drei Jahren. Ich weiß es nicht mehr genau. Am Anfang habe ich mir noch nichts dabei gedacht", antwortete Frau Kehlheim.

In diesem Fall fragte ich sofort, wer denn in der Familie gestorben sei.

„Meine Oma, die Mutter meines Vaters. Sie hatte auch immer Angst", sagte Frau Kehlheim spontan. Bei ihren Worten schien ihr selbst noch nichts aufzufallen, denn sie erzählte weiter.

„Sie starb vor drei Jahren. Ich mochte sie und war als Kind sehr gern bei ihr. Ich habe sie ‚meine Knuddeloma' genannt. Ich erinnere mich, dass sie immer sehr besorgt war – nicht nur um mich, um die ganze Familie. Am liebsten war es ihr, wenn alle um sie herum waren", erinnerte sich Frau Kehlheim an die früheren Jahre. „Warum fragen Sie mich? Meinen Sie, meine Oma ist noch hier?", fragte meine Klientin spontan.

„Ja, ich glaube schon."

„Aber ich habe mich doch von ihr verabschiedet, als sie starb. Kurz nach ihrem Tod war ich bei ihr und habe mit ihr gesprochen."

„Haben Sie ihr ganz deutlich gesagt, dass sie gestorben ist und in den Himmel gehen muss?", fragte ich.

„Nein. Ich habe ihr gesagt, dass es immer schön war mit ihr und das ich sie nie vergessen werde."

„Ihre Oma hat sich bestimmt über Ihre Worte gefreut. Sie verstand nur nicht, warum Sie dabei weinten", erklärte ich. „Sie weiß bestimmt nicht, dass sie gestorben ist."

Wir baten die Großmutter, sich auf den Stuhl zu setzen, den wir für sie bereitgestellt hatten. Christoph begann mit der Aufklärung. Er erklärte ihr auch, was Sterben bedeutet und was nach dem Tod geschieht. Ich unterbrach ihn, weil ich wahrnahm, dass sie die Zusammenhänge nicht verstand.

Die Oma geisterte zwischen den Familienmitgliedern hin und her. Sehr oft war sie bei ihrer Urenkelin, Frau Kehlheims kleiner Tochter Eva. Sie hat nicht verstanden, warum niemand mehr mit ihr sprach.

„Kann das sein, dass meine Tochter deshalb Angst hat, mit ihrem Fahrrädchen zu fahren?", wollte Frau Kehlheim wissen. „Wir haben ihr die Stützräder schon einmal entfernt, und es klappte. Plötzlich bekam sie Angst, sie könnte fallen und sich wehtun. Seit dem ist es aus mit dem Fahrrad fahren. Sie rührt es nicht mehr an."

Karin Kehlheim wandte sich jetzt an ihre Großmutter: „Oma, ich erinnere mich, dass du vor allem Neuen Angst hattest. Alles war gefährlich für dich. Aber das ist doch jetzt vorbei. Du musst in den Himmel gehen. Es geht nicht, dass du noch hier unten bleibst", belehrte sie die Enkelin. „Es war immer schön bei dir, aber jetzt musst du gehen!", sagte sie noch einmal mit Nachdruck.

Die Oma stand auf und ging tatsächlich, nicht in den Himmel, sondern nach Hause. Vor ihrem Haus stand eine Bank, auf der sie immer gerne gesessen hatte. Ich begleitete sie mit meinem Bewusstsein dort hin.

„Frau Heinze, Sie müssen wieder mitkommen. Ihre Enkelin will sich noch von Ihnen verabschieden", bat ich sie.

„Ich will aber auf meiner Bank sitzen", sagte sie trotzig.

„Sie haben im Himmel die gleiche Bank, wo sie drauf sitzen können. Dort können Sie sich auch mit den vielen Anderen unterhalten", versicherte ich ihr. „Die Helferinnen, die Sie begleiten, bringen Sie dort hin", erklärte ich ihr noch einmal.

Das überzeugte sie. Nach der Verabschiedung von ihrer Enkelin sagte sie: „Gut, von mir aus können die jetzt kommen."

„Frau Heinze, dort oben stehen schon alle zu Ihrem Empfang bereit", sagte ich.

„Ach Gott, n' Empfang! Des muss aba net sei!", sagte sie in ihrer Mundart.

„Die dort oben freuen sich auf Sie", sagte ich lächelnd und bat die Helferinnen, die Großmutter in den Himmel zu begleiten.

Zwei Wochen später bekamen wir eine E-Mail von Frau

Kehlheim: *„Meine Tochter stieg ein paar Tage später auf ihren Roller und fuhr ein paar Runden damit – ohne Angst. Auch das Fahrrad fahren klappt wieder ohne Stützräder. Ich habe mich wirklich riesig gefreut.*

*Was mich selbst betrifft: Ich habe anschließend mit einer Halsentzündung eine Woche im Bett gelegen."*

Manchmal passiert es nach Sitzungen, dass der Körper erst einmal mit einer Verschlimmerung reagiert. Er muss sich von den jahrelangen Belastungen durch fremde Energien reinigen. Die Blockade ist weg, und die Meridiane können wieder frei fließen.

Nach der energetischen Arbeit empfehlen wir immer eine Ruhepause für den Körper, weil diese Sitzungen sehr anstrengend sein können.

Himmlischer Empfang

*Angst- und Panikattacken*

Eine junge Frau, 21 Jahre alt, schilderte mir ihren Fall: „Vor einigen Monaten habe ich mein Studium in einer 200 Kilometer weit entfernten Stadt begonnen. In der letzten Zeit verstärken sich meine Ängste dahingehend, dass jemandem aus meiner Familie etwas passieren könnte. Ich kann mich kaum noch auf mein Studium konzentrieren. Mit meinen Gedanken bin ich zu Hause, muss auch öfters mal anrufen, um dann gesagt zu bekommen, dass doch alles in Ordnung sei."

„Was befürchten Sie denn?", fragte ich sie.

„Dass ich nach Hause komme und die Wohnung ist leer", sagte sie ängstlich.

„Haben Sie die Befürchtung, es könnte jemand aus Ihrer Familie gestorben sein?", stellte ich sicher.

„Hmm", nickte sie, und Tränen glänzten in ihren Augen. „Meine Eltern sagen, dass ich mir unnötige Sorgen mache, aber ich kann es nicht verändern. Die zweite Sache ist, dass ich Angst habe vor Krankheiten, das heißt, dass ich selbst eine schlimme Krankheit bekommen könnte."

Auch hier ergab das Erfragen der Ursache, dass ich bei ihr selbst nichts finden konnte, sondern jemand anderes sie beeinträchtigte. Beim Forschen und Nachfragen stellte sich heraus, dass es niemand aus ihrer eigenen Ahnenkette war, sondern eine ältere Dame, die vorher in dem Haus gewohnt hatte.

Ich nahm Kontakt auf mit der älteren Dame und fragte sie, vor was sie denn Angst habe.

„Ich finde meine Familie nicht mehr", sagte sie ängstlich.

„Was ist denn passiert, an was erinnern Sie sich denn?", fragte ich.

„Ich bin so schwach und krank. Ich liege im Bett. Sie haben mich in ein Heim gebracht", sagte sie mit dünner Stimme.

„Wo waren Sie vorher?", fragte ich weiter.

„Ich habe bei meinem Sohn und seiner Familie gelebt", erzählte sie. „Manchmal haben sie mich besucht, aber dann kam niemand mehr. Ich habe lange gewartet und bin dann nach Hause gegangen."

„Sie sind schon vor langer Zeit verstorben", klärte ich sie auf. In Ihrem feinstofflichen Körper sind Sie anschließend an den Ort zurückgekehrt, der Ihnen bekannt war. Es war die Wohnung, in der Sie vorher gelebt haben. Die war leer, als Sie dort hin zurückgekehrt sind, weil Ihr Sohn mit seiner Familie inzwischen ausgezogen war. Das Haus wurde neu vermietet. Als dann die junge Frau mit ihren Eltern dort einzog, waren Sie ganz verwundert, weil diese Menschen fremd für Sie waren. Als die junge Frau älter wurde, bekam sie ein eigenes Zimmer im oberen Stockwerk. Das war das Zimmer, das Sie damals bewohnten. Seit dieser Zeit sind Sie in der Aura der jungen Frau. Und sie hat jetzt die Ängste von Ihnen übernommen. Ihre Angst ist, dass Ihrer Familie etwas passiert sein könnte, weil Sie sie seit der Zeit damals nicht mehr gesehen haben. Sie fühlen sich verlassen. Doch Ihre Familie glaubt auch an den Tod im herkömmlichen Sinne und pflegt ihr Grab auf dem Friedhof. Ich fühle Ihre Ängste über das, was ich Ihnen eben erklärt habe. Und doch bitte ich Sie, sich ganz im Vertrauen auf die Helferinnen zu verlassen, die Sie jetzt in den Himmel begleiten werden."

Anfangs zögerte sie, doch als ich ihr versprach, dass sich oben viele um sie kümmern würden, willigte sie ein.

Mehrere Helferinnen begleiteten sie nach oben.

*Abnabelung – Ängste – Alpträume*

Familie Hümroths Anliegen waren die Abnabelungsängste ihrer achtjährigen Tochter Margitta. Gelegentliche Alpträume peinigten sie zusätzlich.

Hier klärte Christoph durch Muten in der Aura zuerst ab, ob das Mädchen durch Erdgitterlinien am Schlafplatz gestört ist. Oft stellte sich schon heraus, dass häufige Alpträume dann entstehen, wenn das Bett auf einer bestimmten Erdgitterlinie (Currylinie) oder deren Kreuz steht.

Die Mutter hatte mir bei der Vereinbarung des Termins mitgeteilt, dass sie in ein paar Wochen ein Seminar geplant habe, was über zwei Wochen gehe. Sie bat mich, ihrer Tochter bei unserem Termin noch nichts darüber zu erzählen. Sie befürchtete, ihre Tochter könne das nicht verkraften, weil sie sehr anhänglich sei. „Ich darf nirgends für längere Zeit hinfahren oder außer Haus gehen. Was mich selbst interessiert und beunruhigt, sind die immer wiederkehrenden Ängste und Alpträume meiner Tochter", sagte sie.

Ich hatte ein schüchternes kleines Mädchen erwartet, als beide Elternteile mit ihrer Tochter zum vereinbarten Termin kamen. Anstatt dessen begrüßte mich ein sehr aufgewecktes kleines Fräulein, was beim ersten Betrachten kein Anzeichen von Anhänglichkeit aufwies. Die Schilderung der Mutter über die Tochter stimmte nur zum Teil. In ihren Äußerungen war Margitta klar, als sie mir auf meine Fragen antwortete. Sie erzählte mir von ihren Nöten, die sie mit einigen ihrer Schulfreundinnen hatte. „Ein Mädchen, das gar nicht meine Freundin ist, spielt sich immer so auf und hänselt", sagte sie. „An manchen Tagen habe ich schon Angst, in die Schule zu gehen. Wir haben eine Lehrerin, die ich nicht mag. Die ist so streng. Ich bin dann froh, wenn ich wieder zu Hause bin", gestand Margitta.

Aus ihren Erzählungen konnte ich keine besondere Angst erkennen. „Deine Mama und dein Papa sagen, wenn einer von ihnen wegfahren will, klammerst du und hast Angst", fragte ich. „Es fällt ihnen dann richtig schwer, unterwegs sein zu müssen."

„Och, das stimmt gar nicht", widersprach Margitta, und ich sah, wie die Mutter nickte und gleichzeitig sagte: „Doch Margitta, dass stimmt."

„Ich habe nicht den Eindruck, dass das Margittas Natur ist", sagte ich und zu Margitta gewandt: „Irgendjemand beeinträchtigt dich da."

Beim Abfragen über ihre Fingermeridiane kam heraus, dass es sich um die Großmutter des Vaters handelte, also Margittas Urgroßmutter.

Herr Hümroth erinnerte sich an seine Kindheit: „Sie hat uns immer gezwungen, sie zu besuchen. Wir wohnten einige Kilometer weit entfernt. Es war Tradition, dass die ganze Familie jeden Sonntag bei ihr zu erscheinen hatte. Von morgens bis abends. Wenn wir dann nach Hause fuhren, jammerte sie, sie sei die ganze Woche so allein. Mein Großvater starb während des Krieges. Wir hatten jedes Mal Schuldgefühle, wenn wir wieder wegfuhren."

„Das scheint sich ja richtig bei Ihnen eingegraben zu haben", stellte ich fest.

„Ja, dadurch konnte ich auch meinem Sport nicht nachgehen. Ich musste mit fünfzehn immer noch mit."

„Mein Mann ruft heute noch jeden Sonntag seine Eltern an", sagte Frau Hümroth beiläufig.

„Ach, dass macht mir nichts. Ich sage kurz ‚Hallo' und frage, wie die Woche war. Dann lege ich auf. Das hat sich so eingebürgert."

Herrn Hümroth war das schon so geläufig, dass er das gar nicht mehr hinterfragte. Ich stellte auch fest, dass seine verstorbene Großmutter von einem Familienmitglied zum anderen wechselte. Sie war nicht ständig bei Margitta. Was mich noch hellhörig werden ließ, war die Äußerung, der Opa sei im Krieg geblieben. Der musste doch auch noch irgendwo sein. Beim Abfragen über Herrn Hümroths Aura stellte Christoph den Großvater fest.

Wir setzten beide nebeneinander auf einen Stuhl. Als wir sie aufklärten und ich mit dem Großvater sprach, erzählte er: „Die Kriegsjahre waren nicht schön. Ich hatte immer Angst, nicht mehr nach Hause zu kommen."

„Jetzt sind Sie hier und können mit Ihrer Frau gemeinsam in Ihre neue Heimat, den Himmel, gehen", sagte ich.

Christoph klärte beide noch auf. Die Familie Hümroth verabschiedete sich von ihren Großeltern, bevor diese von Helfern in den Himmel begleitet wurden.

„Das zwanghafte Programm hat sich bis heute fortgesetzt", bemerkte ich.

Herr Hümroth nickte. „So habe ich das noch gar nicht gesehen."

Ein paar Wochen später bekam ich die Rückmeldung von Frau Hümroth: „Meine Tochter ging am nächsten Tag das erste Mal ohne Angst zur Schule. Sie sagte mir, dass sie jetzt erst merke, wie sehr ihr die Oma zu schaffen gemacht habe. Und mein Mann hat am Sonntag ganz vergessen, seine Eltern anzurufen."

*Darmkrebs*

Als Herr Fritz Stollmann diesmal einen Termin mit uns vereinbarte, war sein Thema ein ernsteres. Er war eine Woche zuvor nach einer Darmkrebsoperation aus dem Krankenhaus entlassen worden.

„Darmkrebs?", fragte ich und konnte es gar nicht fassen.

Wir kannten Herrn Stollmann schon einige Jahre. Im letzten Jahr war er bei uns wegen seines Bandscheibenvorfalls im Lendenbereich. Es stellte sich heraus, dass beide Großelternpaare bei ihm in der Aura waren, die wir in die höheren Welten begleitet haben. Danach konnte sich sein Körper regenerieren.

„Ich hatte Darmkrebs und wurde auch schon operiert", fing er an zu berichten, als er bei uns war.

„Es ging ziemlich schnell. Die Schmerzen haben mich ins Krankenhaus getrieben."

„Aber davon haben Sie doch bei Ihrem letzten Besuch gar nichts mitgeteilt", sagte ich erstaunt.

„Da habe ich auch noch nichts gemerkt; es ging ziemlich schnell", antwortete er.

Herr Stollmann berichtete weiter: „Ich war im Krankenstand während meines Bandscheibenvorfalls und lag oft im Bett, damit sich mein Rücken erholen sollte. Immer wieder musste ich aufstehen, weil ich mich im Bett nicht wohl fühlte. Mein Rücken fing auch stärker an zu schmerzen. Früher habe ich das gar nicht so gemerkt. Dann habe ich meinen Schlafplatz entstört. Danach wurde es besser. Aber es hielt nicht lange an. Ich fühlte hin und wieder einen Schmerz in meinem Bauch. Heute bin ich hier mit der Bitte, dass Sie in meiner Aura testen, ob sich da noch die Seele eines Verstorbenen befindet, die mich lähmt", bat er.

Christoph stellte beim Testen über die Aura niemanden fest und ich auch nicht beim Abfragen über die Fingermeridiane. Es musste also eine andere Ursache haben.

Da ich mein Bewusstsein auch auf Wohnungen ausweiten kann, ging ich dort hin. Zuerst fühlte ich nur jemanden, bevor ich ihn dann sah.

„Es ist ein kleiner, sehr schmächtiger Mann, abgehärmtes Gesicht, graue Haare und macht den Eindruck eines Alkoholikers", beschrieb ich den Verstorbenen. „Kennen Sie so jemanden?"

„Nein", antwortete Herr Stollmann.

„Gut, wir werden es herausfinden", sagte ich.

Ich begann mich auf diesen Mann einzustellen, indem ich seine Gedanken wahrnahm. „Er fühlt sich sehr heimisch in Ihrer Wohnung", teilte ich Herrn Stollmann mit. „Er scheint dort gewohnt zu haben", vermutete ich. „Und wenn Sie schlafen gehen, geht er ebenfalls schlafen und liegt in Ihnen drin", erklärte ich.

Das fand Fritz Stollmann gar nicht komisch.

Ich fragte den Verstorbenen: „Wissen Sie, dass Sie sich in der Wohnung eines Ihnen unbekannten Mannes aufhalten? Was machen Sie denn dort?"

„Ich wohne hier. Lassen Sie mich in Ruhe", brummte er.

„Herr Stollmann, wissen Sie denn etwas über die Vorgeschichte des Hauses oder der Mieter?", wandte ich mich an meinen Klienten.

„Das Haus war früher eine Brauerei. Nach der Stilllegung wurden die Gebäude zu Wohnungen umgebaut. Das war aber lange, bevor ich dort einzog", antwortete er.

„Haben Sie in der Brauerei früher gearbeitet?", fragte ich den Verstorbenen.

„Ja."

Ich klärte ihn auf, dass er schon lange gestorben sei und seine neue Heimat jetzt der Himmel wäre. Ich fragte ihn, ob er jetzt bereit sei, mit den Helfern, die ich rufen würde, in den Himmel zu gehen.

„Die Brauerei gibt es schon lange nicht mehr. Außerdem sind Sie vor vielen Jahren gestorben. Sie können hier unten nichts mehr tun", erklärte ich ihm.

Er machte den Eindruck, als ob ihm das egal sei. Er wirkte auf mich ziemlich lethargisch. Als die Helfer ihn beidseitig unterhakten, ließ er sich in den Himmel führen.

Drei Monate später bekamen wir die Rückmeldung von Herrn Stollmann, dass er symptomfrei sei und sich sehr gut erholt habe.

*Epilepsie*

Eine Mutter kam mit ihrer sechsjährigen Tochter in unsere Praxis. „Janette leidet seit ein paar Jahren an Epilepsie", berichtete sie. „Ich hörte von Ihnen, dass Sie nach den Ursachen forschen. Keiner konnte ihr bisher so richtig helfen. Seit einiger Zeit nimmt sie Medikamente. Dadurch wurde es etwas besser."

„Wie äußerte sich denn dieser Zustand?", fragte ich.

„Sie fällt einfach um. Nach kurzer Zeit ist das dann vorbei und es ist, als wäre nichts gewesen", erklärte die Mutter.

„Wie empfindest du das?", fragte ich Janette.

„Ich weiß nichts davon", antwortete sie und zuckte mit den Schultern.

Ich begann meine Arbeit mit dem Abfragen der Ursachen und kam darauf, dass der Kreislaufmeridian belastet war. Nach weiterem Abfragen wurde deutlich, dass eine fremde Energie in der Aura des Kindes saß. Ich stellte eine weibliche Person fest. Sie war aus der Familie der Mutter.

„Haben Sie sich schon einmal mit dem Thema Besetzungen auseinandergesetzt?", fragte ich sie.

„Nein, überhaupt noch nicht", sagte sie verwundert. Christoph klärte sie darüber auf und fragte anschließend: „Wer ist in Ihrer Familie oder in der Ihres Mannes gestorben?"

„Meine Großmutter", antwortete sie spontan und blickte verständnislos von einem zum andern.

„Frau Burger, Ihre Großmutter ist in der Aura Ihrer Tochter."

„Dass so etwas der Grund für die Krankheit meiner Tochter ist, hätte ich nicht gedacht. Aber ich bin bereit, mich darauf einzulassen", sagte die Mutter ängstlich.

„Wenn Sie etwas noch nicht verstanden haben, fragen Sie bitte", beruhigte ich sie.

Janette, obwohl erst sechs Jahre alt, hatte sehr schnell verstanden, um was es hier ging und dass die Seele ihrer Urgroßmutter noch nicht in den Himmel gegangen war. Sie konnte sich an ihre Urgroßmutter nicht mehr erinnern, weil sie noch so klein war, als sie starb.

Frau Burger erklärte mir nun: „Ja, ich weiß noch, dass sich meine Großmutter sehr gefreut hat, als ich schwanger war. Kurze Zeit nach der Geburt stürzte sie und hatte einen Oberschenkelhalsbruch. Sie wurde anschließend zum Pflegefall. Weil sie sich selbst nicht mehr versorgen konnte, kam sie in ein Altenheim."

„Frau Burger, ich bitte nun Ihre Großmutter, sich mitzuteilen, wenn sie noch etwas sagen möchte. Ebenso können Sie noch mit ihr sprechen oder auch Fragen stellen. Ich höre es und sage es laut", erklärte ich den weiteren Verlauf der Sitzung.

Ich bat um den Namen der Großmutter, um sie ansprechen zu können. Christoph übernahm die Aufklärungsarbeit.

„Frau Heckmann, zuerst möchte ich Sie aufklären, dass Sie schon vor Jahren verstorben sind." Es folgten noch die üblichen Belehrungen, damit die alte Frau sich verstanden fühlte. Ich bat sie nun, mir zu berichten.

Sie sagte zu ihrer Urenkelin: „Du bist mein Sonnenschein. Ich habe mich so gefreut, dass du da warst, aber du hast mich so wenig besucht. Außerdem habe ich mich abgeschoben gefühlt."

Frau Burger sagte erstaunt: „Aber du wolltest doch ins Altenheim! Und du hast uns auch immer gesagt, dass du lieber sterben würdest, als noch zu leben."

Ich fühlte, dass das eine Fehlinformation seitens der Großmutter war, und sagte ihr das auch. „Frau Heckmann, war es so, dass Sie sich nicht klar mitgeteilt haben und aus Trotz heraus sagten, Sie würden lieber sterben?" Sie bestätigte es.

„Sehen Sie, aus diesem Trotz heraus sind Sie jetzt immer noch bei Ihrer Enkelin und bei Ihrer Urenkelin. Dem Kind ziehen Sie so viel Energie ab, dass es das nicht verkraftet und umfällt. Das dürfen Sie nicht tun. Sie müssen sich jetzt entscheiden, hier unten loszulassen, um in den Himmel zu gehen. Wenn Sie hier bei Ihrer Urenkelin bleiben, schädigen Sie das Mädchen immer wieder. Ich nehme an, das wollen Sie nicht", klärte ich sie auf.

Sie war dann auch sehr einsichtig und erklärte, sie wolle doch beiden nicht schaden. Nun konnte ich die feinstofflichen Helfer bitten, sie auf ihrem Weg nach oben zu begleiten. Beide, Enkelin und Urenkelin, verabschiedeten sich sehr liebevoll von ihr. Und ich konnte deutlich sehen, dass sie genauso liebevoll oben in Empfang genommen wurde.

Janette fühlte sich nach der Sitzung sofort besser. Bis zur Drucklegung des Buches sind keine Symptome mehr aufgetreten.

*Schmerzen im Brust- und Lendenwirbelbereich*

Frau Baldrock klagte häufig über Rückenschmerzen und Migräne. Beim Abfragen stellte sich heraus, dass die oberen Brustwirbel und die unteren Lendenwirbel beeinträchtigt waren. Bei ihr stellte ich ihre beiden Urgroßeltern mütterlicherseits fest, die sie als Kind noch gekannt hatte. Außerdem war da noch eine Frau, die nicht zu ihrer eigenen Familie gehörte. Ich schlug vor, zuerst die beiden Urgroßeltern aus der Aura zu nehmen. Christoph klärte beide auf, und Frau Baldrock verabschiedete sich von ihnen. Anschließend wurden sie von den Helferinnen und Helfern in den Himmel begleitet.

Als danach die fremde Frau auf dem Stuhl saß und ich sie beschrieben hatte, glaubte Frau Baldrock zu wissen, wer sie sein könnte und sagte: „Das ist die Großmutter von Thorsten, meinem Partner." Nach Rücksprache mit ihr bestätigte sie mir dies.

„Sie starb vor einigen Jahren. Thorsten war ihr Lieblingsenkel. Sie hing sehr an ihm", erklärte Frau Baldrock. "Aber was machst du denn bei mir?", fragte sie die Großmutter erstaunt.

„Was die Oma bei Ihnen will, kann sie nicht erklären. Aber ich nehme ihre Gedanken und ihren Beweggrund wahr", sagte ich. „Sie kann durch Ihre Augen ihren Enkel sehen und mit ihm sprechen, wenn sie bei Ihnen in der Aura ist. So glaubt sie, sie sei noch lebendig", erklärte ich.

Christoph klärte die Großmutter auf, dass sie hier auf Erden verstorben sei. „Wenn Sie in der Aura von Thorstens Partnerin bleiben, wird sie krank. Sie brauchen Energie und die nehmen Sie von Andrea. Das geht nicht. Wenn Sie im Himmel sind, können Sie später mit Ihrem Enkel Kontakt aufnehmen."

Sie schien es verstanden zu haben und ließ sich nach der Verabschiedung und dem Versprechen, ihrem Enkel liebe Grüße auszurichten und später mit ihm Kontakt aufnehmen zu können, nach oben begleiten.

Als sie oben empfangen wurde, hörte ich sie fragen: „Und wo ist ein Fenster, dass ich hinunter sehen kann?"

*Bandscheibenvorfall und Existenzängste*

Frau Bergers Thema waren ihre ständigen Existenzängste, obwohl ihr Geschäft, was sie seit einigen Jahren selbständig führt, sehr gut läuft.

„Selbst bei kleinen Entscheidungen kommen mir Zweifel, ob das, was ich tue, das Richtige ist", sagte sie. „Mein Körper reagiert auch schon mit Schmerzen im unteren Rückenbereich."

Nach dem Abfragen der Ursachen über die Finger bekam ich keine Antwort. Alle Meridiane waren blockiert. So fragte mein Mann über die Aura, ob und in welchem Teil des Körpers sich verstorbene Seelen befanden.

Kein Wunder, dass die Meridiane blockiert waren. Es hafteten drei verstorbene Frauen an ihrem Körper, eine befand sich auf der Hypophyse und Schilddrüse, die anderen beiden blockierten den Schulter- Nackenbereich und den Solarplexus.

Es handelte sich um die Mutter von Frau Berger, ihre Großmutter väterlicherseits und ihre ehemalige Schwiegermutter.

„Das war damals eine Serie des Verlustes", erinnerte sich Frau Berger. „Alle drei Frauen sind im gleichen Jahr in einem monatlichen Abstand verstorben. Mit dem Tod meiner Oma hatten wir uns schon auseinandergesetzt. Sie war die letzte Zeit bettlägerig geworden, was ihr überhaupt nicht passte.

Alle drei Frauen hatten ein sehr gutes Verhältnis miteinander. Sie besuchten sich öfters. Anfang August starb meine Schwiegermutter, womit ich damals nicht gerechnet hatte. Einen Monat später starb meine Mutter. Das war für mich ein Schock. Sie war zwar krank, aber ich rechnete nicht damit, dass sie so schnell sterben würde. Die Letzte, die starb, war meine Oma", berichtete Frau Berger.

Als alle drei aus der Aura herausgebeten waren, beschrieb ich Frau Berger das Aussehen ihrer Angehörigen. Frau Berger bejahte es.

„Die mittlere ist zwar die Kleinste, wirkt auf den ersten Blick sehr zierlich, scheint aber die Bestimmendste zu sein. Sie sitzt in einem Nachthemd da", beschrieb ich weiter.

„Das ist meine Oma", sagte Frau Berger.

Ich sah, wie sich die Großmutter nach den anderen beiden umdrehte, und stellte fest, dass diese beiden gut gekleidet waren. Sofort sprang sie auf und sagte, sie wolle sich umziehen. Außerdem sei sie hier bei fremden Leuten. Es sei nicht angemessen, hier im Nachthemd zu sitzen.

Sie verschwand, und als sie wiederkam, hatte sie ein schickes dunkelblaues Kostüm an und ein neckisches kleines Hütchen auf.

„Das ist meine Großmutter, wie sie leibt und lebt", lachte Frau Berger. „Sie hat immer Wert auf gute Kleidung gelegt. Es war auch sehr schwierig, mit ihr auszuhalten, als ihre Krankheit sie an das Bett gefesselt hatte."

Wir klärten alle drei Frauen auf, dass sie verstorben seien und jetzt in den Himmel gehen müssen. Es war einfach, denn sie haben es verstanden. Nach der Verabschiedung aller Anwesenden gingen alle drei untergehakt in den Himmel. Die Großmutter, als die Kleinste von den dreien, ging in der Mitte.

„Frau Berger, verstehen Sie jetzt, warum Sie sich mit Existenzängsten herumgeschlagen haben, die gar nicht Ihre Ängste waren? War eine der Frauen selbständig gewesen?", fragte ich.

„Nein, alle drei waren zu Hause, haben den Haushalt, die Kinder und den Ehemann versorgt", entgegnete Frau Berger.

„Sehen Sie, keine der drei Frauen konnte sich je vorstellen, als alleinstehende Mutter eigenständig zu existieren. Aber Ihre Kinder sind ja schon fast erwachsen. Jetzt können Sie wirklich sehen, ob die Zweifel und Ängste immer noch vorhanden sind. Ihr Rücken kann sich jetzt auch erholen. Diese drei brauchen sie jetzt nicht mehr mitzutragen", sagte ich und verabschiedete Frau Berger.

## Besetzungsverdacht in Zeitungsberichten

Folgenden Zeitungsartikel haben wir stellvertretend für viele andere ausgesucht, weil er sehr offensichtlich die Symptomatik einer Besetzung aufzeigt.

In „DIE ZEIT" vom 07. September 2006 steht unter der Überschrift „Seelen in der Warteschleife" folgender Bericht:

*„Wenn nichts mehr geht, werd' ich ein Engel sein für dich allein", singt die Teenieband Tokio Hotel, und wenn Sarah dieses Lied hört, geht es ihr gut. Auch ihre große Schwester Pia sei ein Engel, sagt die Zehnjährige. Pia kam bei einem Verkehrsunfall ums Leben. Mehr als drei Jahre ist das nun her. Seither fühlt sich Sarah oft schlecht.*

*Sie schien den Tod der Schwester einigermaßen verkraftet zu haben, dachte die Mutter. Doch irgendwann fiel ihr auf, dass das Kind sehr ruhig geworden war, sich in der Schule zurückzog. „Niemand hat was mitgekriegt", sagte die Mutter. „Sie hat ja auch nicht darüber geredet, dass sie Probleme hat. Nur ich habe das irgendwann gemerkt." Daran, dass Sarah oft auf stur schaltet, gereizt ist - und manchmal wegen einer Kleinigkeit in Tränen ausbricht und nicht aufhört zu weinen. Daran, dass sie immer wieder starke Bauchschmerzen hat. Die Ärzte tasteten sie ab, untersuchten sie mit Ultraschall, fanden aber nichts. Denn Sarahs Körper ist gesund, krank ist ihre Seele.*

Soweit der Artikel. Er handelte von der Unterversorgung mit Kinderpsychologen, die diesem Mädchen ohnehin nicht helfen könnten, da das Wissen um die Nachtodgeschehnisse in der psychologischen Ausbildung fehlt.

Die geschilderte Symptomatik weist nach unseren Erfahrungen eindeutig auf eine Besetzung durch die verstorbene Schwester hin. Selbst die Überschrift ist doppeldeutig, weist sie doch auf die Warteschleifen beider Seelen hin. Der einen, die noch im Körper ist und auf psychologische Betreuung warten muss, und der anderen, die noch nicht den Himmel oder die höheren Welten gefunden hat.

# Sechstes Kapitel

# Erfahrungen mit verschiedenen Therapiemethoden

**Arbeit mit dem inneren Kind - Selbstannahme**

Seit vielen Jahren ist die Grundlage unserer Seminare und Beratungssitzungen der Umgang mit dem inneren Kind. Wir haben auch hierbei wichtige Erkenntnisse zur Entwicklung der Arbeit mit den Verstorbenen erlangt.

In den tiefen Übungen zur Annahme des inneren Kindes mussten wir feststellen, dass nur wenige Teilnehmer damit in Kontakt gekommen sind. Wir forschten nach den Ursachen der Blockaden und stellten fest, dass Störungen am Schlafplatz, Flüche oder Verwünschungen in der Aura oder Besetzungen von Verstorbenen die Gründe sein konnten. Bei manchen waren alle Störungen aufzufinden. Seither klären wir vor Beginn der Seminare ab, welche Belastungen in der Aura der Teilnehmer sind. Wir machen Vorschläge zur Schlafplatzentstörung, nehmen Flüche und Verwünschungen aus der Aura und lösen sie auf. Die Besetzungen nehmen wir heraus und begleiten die Seelen Verstorbener in die Lichtwelten.

Bei dieser Arbeit wird uns immer wieder deutlich, dass die fehlende Annahme des inneren Kindes und die damit verbundene eingeschränkte Verantwortlichkeit ein wirksamer Magnet für Besetzungen ist. Deshalb achten wir auch in der Einzelarbeit mit Klienten darauf, dass sie ihre Abhängigkeiten lösen und damit ihre Eigenverantwortlichkeit entwickeln.

**Psychologische Beratung im weitesten Sinne**

Bevor wir unser Wissen um Besetzungen in unserer Praxis anwandten, haben wir in Beziehungsproblemen von Menschen oft die Elternproblematik vermutet. Wir suchten die Ursachen zumeist in den Verletzungen der frühen Kindheit. In der Praxis stellte sich heraus, dass das nur zum Teil stimmte. Wenn eine Besetzung vordergründig war und manipulierte, litten die Betroffenen unter den Problemen der Besetzung, aber nicht unter ihren eigenen. So berichten uns Klienten immer wieder, oft resigniert oder auch ärgerlich, dass sie schon seit mehreren Jahren an bestimmten Themen arbeiteten, die nach wie vor unverändert immer wieder auftraten.

Angst- und Panikattacken, Zweifel und Selbstzweifel und viele Krankheitssymptome verschwanden, wenn die Verstorbenen aus der Aura heraus waren. Wir mussten feststellen, dass sich viele Klienten mit Problemen herumschlugen, die gar nicht die ihren waren. Nach der Reinigung der Aura und der Beseitigung der äußeren Störungen kommen die Menschen wesentlich schneller in Kontakt mit ihren verdrängten Gefühlen. Behindernde Glaubenssätze werden klar erkannt und können gelöscht oder lebensfördernd verändert werden. Die in der klassischen Psychologie definierten Widerstände sind nur noch schwach oder gar nicht mehr wirksam.

Mit uns selbst haben wir gleiche Erfahrungen machen können. Nachdem die Besetzungen aus unseren Auren beseitigt waren, wurde uns bewusst, dass wir viel schneller neue Erkenntnisse in die Tat umsetzten. Aus Gudrun-Annas geschildertem Fall im ersten Kapitel ist erkennbar, dass sie aufhörte nach Bürojobs zu suchen, nachdem ihr Vater aus der Aura genommen war. Ihre Aufmerksamkeit war jetzt wesentlich freier, und wir konnten unsere gemeinsame Praxis aufbauen.

**Rebirthing**

Wir beide sind ausgebildet in integrativer Atemtherapie. Seit über zehn Jahren leiten wir Rebirthinggruppen. Auch hier konnten wir grundlegende Veränderungen feststellen. Klienten, deren Aura gereinigt ist, gehen während des integrativen Atmens wesentlich schneller in die Tiefe. Verdrängte und unverarbeitete Gefühle zeigen sich fast ohne Widerstände. Panik und Angst werden nicht mehr als lähmend, sondern befreiend erlebt. Einschlafen oder Wegdriften während des verbundenen Atmens tritt nicht mehr auf. Die inneren Erlebnisse, sowohl Gefühle als auch Bilder, werden als authentische Erfahrungen erkannt und integriert. Die Ergebnisse der Sitzungen sind um vieles klarer und bereichernder als vor der Aurareinigung.

Besonders beeindruckt hat uns die Erfahrung einer Klientin. Als wir sie kennen lernten, war sie achtundsiebzig Jahre alt. Sie erzählte uns, dass sie seit dem Tod ihres Mannes unter Depressionen und der Angst zu sterben litte. Wir berichteten ihr von unserer Arbeit. Sie kam zu einer

Sitzung, in der wir ihren verstorbenen Mann und andere Ahnen in den Himmel begleiteten. Aus unseren Info-Blättern entnahm sie die Ankündigung eines Tagesseminars mit Rebirthing. Sie meldete sich an mit den begleitenden Worten, dass ihr das vielleicht noch weiterhelfen könnte. Während des verbundenen Atmens konnte sie tief vergrabene, sehr schmerzhafte Kindheitserlebnisse verarbeiten. In der Mitteilungsrunde erkannte sie viele Situationen in ihrem vergangenen Leben, die durch die verdrängten Gefühle überschattet waren. Zum Schluss meinte sie glücklich und erleichtert: „Auch mit achtundsiebzig Jahren ist es nicht zu spät, noch zu lernen."

**Familienaufstellungen und ähnliche Methoden**

Wir anerkennen die Qualität der Erkenntnisse, die aus Sitzungen mit Familienaufstellungen gewonnen werden. Wir sehen aber auch die Probleme, die sich für die Protagonisten der Sitzungen ergeben können. Die Aufstellungen funktionieren, weil die morphisch-seelischen Kraftfelder der entsprechenden Personen durch mitspielende Menschen dargestellt werden. Werden noch lebende Verwandte vertreten, sind Erkenntnisse möglich ohne belastende Folgeerscheinungen. Werden allerdings Verstorbene in der Aufstellung durch Stellvertreter dargestellt, gehen diese als Besetzungen in die Darsteller und am Schluss der Sitzung meist in die Aura des Protagonisten. Dieser hat zwar wichtige Erkenntnisse aus dem Familiensystem, aber ab jetzt auch alle dargestellten verstorbenen Ahnen in der Aura. Wir hatten bisher bereits etliche Fälle in unserer Praxis, bei denen wir nach Familienaufstellungen bis zu sieben Besetzungen festgestellt haben.

Nach unserem Erkenntnisstand kann eine Familienaufstellung nur der erste Schritt einer therapeutischen Klärung sein. Im zweiten Schritt sollten die Verstorbenen qualifiziert aufgeklärt und in die Lichtwelten begleitet werden. Am Schluss der Familienaufstellungen reicht es nicht, die dargestellten Verstorbenen einfach zu verabschieden und ins Licht zu schicken. Denn, wie zuvor beschrieben, wissen die meisten Verstorbenen gar nicht, was mit Lichtwelten gemeint ist. Zudem sind sie der Meinung, dass sie nicht gestorben sein können, denn soeben wurde doch mit ihnen noch gesprochen.

# Siebtes Kapitel

# Hinweise zu Besetzungen aus der Vergangenheit

In sehr vielen literarischen Quellen des Altertums und der Neuzeit finden wir Hinweise auf Besetzungen. Selbst über Jesus gibt es einige Stellen in der Bibel, in denen berichtet wird, dass er Menschen von Besetzungen befreit hat. Meistens werden in diesen Quellen die Besetzungen als böse Geister oder gar Teufel bezeichnet. Wir haben in unserer Arbeit festgestellt, dass es meist verstorbene Ahnen sind, die wir in der Aura unserer Klienten finden. Dabei waren auch manchmal autoritäre Patriarchen und rachsüchtige Frauen, die zuweilen recht bösartig sein konnten. Aber Teufel sind uns nicht begegnet.

Wir erinnern daran: verstorben zu sein und in erdnahen Sphären zu verweilen verändert noch lange nicht die Wesenszüge und Erkenntnisse eines Menschen. Die Verstorbenen sind oft noch der Überzeugung, dass sie nicht gestorben sind. Sie versuchen deshalb ihr Leben genau so weiter zu führen wie im physischen Körper. Das war vor 2000 Jahren sicher nicht anders, als es heute ist. Und doch hat sich etwas Wesentliches geändert.

Die Berichte aus früheren Zeiten sprechen lediglich über Austreibungen der bösen Geister. Erst in der Neuzeit wird darüber berichtet, dass man die Besetzungen aus der Aura herausnehmen kann, sie aufklärt und ihnen hilft, mit Begleitung geistiger Helfer in den Himmel zu gehen. Die erste uns bekannte qualifizierte Gruppe, die mit Besetzungen kompetent umgehen konnte und die das auch literarisch dokumentiert hat, ist die Gruppe um Dr. Carl Wickland und seine medial begabte Frau. („Dreißig Jahre unter den Toten" von Carl Wickland, Reichl-Verlag, St. Goar)

Selbst über Jesu Wirken zu seinen Lebzeiten wird nur über Austreibungen berichtet. Erst am Kreuz sprach er zu dem neben ihm gekreuzigten Dieb: *„Wahrlich, ich sage dir, noch heute wirst du mit mir im Paradiese sein."*

Kann es sein, dass der Satz, er sei für unsere Sünden gestorben, tiefer auf seinen Bedeutungsinhalt hinterfragt werden muss? Sünde bedeutet doch ‚Sonder-Sein' oder abgetrennt sein. Die abgetrennte Welt wieder mit den seelischen Welten oder dem Himmel zu verbinden war seine Aufgabe. Kurz vor seinem physischen Tod ist sein Ausspruch dokumentiert: *„Mein Gott, warum hast du mich verlassen!"* Aus diesem Gefühl des Verlassenseins hat sich Jesus nach der Loslösung vom physischen Körper Gott und dem Himmel zugewandt und somit die Brücke zwischen Himmel und Erde oder Getrennt- und Einssein wieder hergestellt. Auf Neuesoterisch heißt das: Er hat das Tor zwischen niederen und höheren Astralwelten wieder geöffnet. Die Zeit des Abgetrenntseins oder Sonderseins ist beendet. Der Rückweg ins Paradies ist wieder möglich. Er wusste um seine Mission und konnte deshalb dem gekreuzigten Dieb neben sich das Versprechen geben, noch heute ins Paradies zu kommen.

Menschen, die geistig erwacht sind, haben nach dem physischen Tod das natürliche Bestreben, in den Himmel zu gehen, nachdem sie sich von ihren Angehörigen verabschiedet haben. Sie werden von ihren geistigen Helfern, die ja schon zu physischen Lebzeiten aufgrund ihres geistigen Erwachtseins immer da sind, erwartet und sicher durch die niederen Sphären in die Lichtwelten geleitet.

Wir Menschen müssen uns bewusst entscheiden, in den Himmel zu gehen, denn Entscheidungsfreiheit ist eine unabdingbare kosmische Grundlage für unsere Entwicklung. Deshalb beruht es auf falschen Vorstellungen zu sagen: Der liebe Gott holt mich oder ruft mich bei meinem Namen. Gott wird sein eigenes Entfaltungsprogramm nicht löschen, nur weil wir zu träge waren, uns mit geistigen Zusammenhängen zu befassen. Gott ist jenseits der Zeitdimension. Wir müssen uns schon selbst entscheiden, denn Bewusstsein umfasst *Liebe und Erkenntnis*. „Klopfet an und euch wird aufgetan." Unsere bewusste Entscheidung ist das Anklopfen.

Im Gleichnis vom verlorenen Sohn wird uns die gesamte Seelenwanderung verdeutlicht. Wir gehen, ausgestattet mit sehr großem Mut, aus dem Paradies heraus in die ersten Inkarnationen der physischen Ebene. Nach geraumer Zeit und tief greifenden Erfahrungen der Not und Angst verlieren wir das Gefühl und Bewusstsein für unsere innere Anbindung und gehen ins Getrenntsein oder Sondersein. Die größte Sünde dabei ist das Leugnen des Geistes in uns. Wir verleugnen unser Schöpfertum so lange, bis wir an den unseligen Auswirkungen unserer eigenen Schöpfungen erwachen. Wir durchlaufen eine lange Reise von Inkarnationen mit stufenweiser Entwicklung, bis die Sehnsucht der Seele in uns so stark wird, dass wir uns den geistigen Welten und Gott wieder zuwenden. Auch hier gilt der Satz: „Klopfet an und euch wird aufgetan."

Im Laufe der Jahrtausende haben wir Menschen uns entwickelt und sind durch die unterschiedlichen Erfahrungen des Getrenntseins gegangen. Die Mehrheit der Menschen befindet sich noch immer in dieser Entwicklung. Wir brauchen als

Beweise die Kriege und Konflikte sicher nicht aufzuzählen. Einige aber haben Gott im Herzen wieder gefunden und sind in der Lage, Aufklärungsarbeit zu machen. Durch die Stufen des Getrenntseins zu gehen heißt aber auch, dass die Mehrzahl der Menschen seit Hunderten von Jahren zwischen den Inkarnationen nicht in den Lichtwelten war. Nach dem physischen Tod verweilen sie in den erdnahen Sphären, bleiben entweder am Besitz oder in der Aura einer ihrer Nachkommen hängen. Sie hindern sich selbst und ihre Angehörigen in der Entwicklung. Besetzte Menschen werden in ihrer Lebenskraft und geistigen Klarheit sehr beeinträchtigt und oft in den frühzeitigen Tod gezogen. Dann haften sie ihrerseits am Besitz oder in der Aura der Nachkommen.

Ein ihnen nahestehender Verwandter wird erwachsen, paart sich und die besetzende Seele kann sich an das befruchtete Ei binden für die nächste Inkarnation. Wir hatten auch schon einige Fälle, wo die besetzende Seele schon im Mutterleib den wachsenden Fötus einer anderen Seele besetzt und diese in der Entwicklung hinderte. Die anfangs im ersten Kapitel geschilderten Fälle sind solche Beispiele.

### Gegenwartssituation

Häufig erfahren wir von den Menschen, die zu uns kommen, dass sie in ihrer ganzen Sippe die einzigen sind, die sich mit geistigen Dingen beschäftigen. Sie sind dann diejenigen, die für die verstorbenen Vorfahren die Brücke zwischen Himmel und Erde bilden. So haben wir es auch in unserer eigenen Entwicklung erfahren. Denn unser Hineinwachsen in diese Tätigkeit war die Arbeit mit unseren verstorbenen Vorfahren. Mit ihnen haben wir gelernt, welche Schritte und Bedingungen beachtet werden müssen, damit sie sich wirklich in den Himmel begleiten lassen.

Die anderen Familienmitglieder sind häufig noch nicht offen dafür, hinter den Krankheitssymptomen nach tieferen Ursachen zu forschen. Sie gehen von Arzt zu Arzt, um nach einer Reihe teurer Untersuchungen gesagt zu bekommen, dass kein organischer Befund vorliege. Oft erhalten sie auch medizinische Hilfe, die zwar die Symptome bekämpft, aber die Ursache völlig unberücksichtigt lässt. Wir könnten hier eine Vielzahl unserer Klienten als beispielhafte Fälle erwähnen. Der Fall der dreijährigen Marlene (Drittes Kapitel) macht dies besonders deutlich. Diagnostiziert war Bronchitis mit beginnendem Asthma. Sie bekam ein krampflösendes Spray mit Cortison. Der Mutter wurde gesagt, dass ihre Tochter damit ihr Leben lang zu tun haben werde. Nach der Befreiung der Verstorbenen aus der Aura des Kindes linderten sich die Symptome sofort und verschwanden innerhalb weniger Tage.

Wir bitten unsere Klienten, wenige Wochen nach den Sitzungen mitzuteilen, wie es ihnen geht. Deshalb wissen wir um die nachhaltige Wirkung der Befreiung von Besetzungen. Auch nach über einem Jahr nach der Sitzung ist Marlene ein lebendiges und gesundes Kind.

**Die weitere Entwicklung**

Wir haben uns in den Jahren, seit wir die Arbeit mit den Verstorbenen begonnen haben, oft gewundert, warum über Besetzungen in der vielseitigen esoterischen Literatur so wenig berichtet wird. Und die wenigen Berichte, die es gibt, erwähnen das Problem nur am Rande. In unserer Praxis stellten wir fest, dass die meisten Menschen, die zu uns kommen, Besetzungen haben. Solche Anhaftungen sind nach unserer Erfahrung eher die Regel als die Ausnahme.

Um Informationen über die Problematik zu erhalten, baten wir in einer Sitzung unsere geistigen Helfer, uns aufzuklären (siehe untenstehendes Protokoll der Sitzung). Dabei stellte sich die erhellende Erkenntnis heraus, dass die Besetzungen aus der geistigen Welt nicht gesehen werden. Die Erde erscheint ihnen grau, wie im Nebel. Verstorbene, die hier herumlaufen, werden von den geistigen Helfern als Nebelschlieren wahrgenommen. Als Anhaftungen in der Aura eines Menschen sehen sie die Verstorbenen nicht. Hier drängt sich uns die Erkenntnis auf, dass wir Menschen auf der Erde unsere wichtigen Hausaufgaben selbst machen müssen. Wir erhalten aus der geistigen Welt zwar jede Hilfe, um die wir bitten. Aber der Anlass für die Bitte muss aus unserer eigenen Betroffenheit kommen. Unsere Aufgabe ist, Gesundheitsprobleme nicht einfach fatalistisch hinzunehmen, sondern tiefer nach deren Ursachen zu forschen. Die Aufforderung der Helfer in der Sitzung, über die Besetzungsproblematik aufzuklären, hat uns sehr bestärkt, dieses Buch eher zu vollenden, als wir es ursprünglich beabsichtigten.

**Fragen an die Helfer**
Unsere Sitzung am 10. April 2007

Uns beschäftigt seit längerer Zeit die Frage, warum in den vielen Büchern über Durchsagen aus der geistigen Welt die Problematik der Besetzung durch Verstorbene nicht erwähnt wird. Da wir keine schlüssige Antwort finden konnten, entschlossen wir uns, eine Sitzung mit unseren geistigen Helfern zu machen.

Gleich zu Beginn konnte Gudrun-Anna mehrere Helfer wahrnehmen, obwohl wir nur um zwei gebeten hatten. Wir haben den Eindruck, dass diese Thematik auch für unsere geistigen Helfer von sehr großer Bedeutung ist.

Christoph begann mit der Frage: „Wir haben den Eindruck, dass Wesen aus der geistigen Welt Besetzungen in der Aura eines Menschen nicht sehen können. Ist das so?"

Antwort: Die Erde ist grau, wenn wir herunterschauen.

Christoph: Könnt ihr die Wesenheiten hier unten auf der Erde sehen, die physisch gestorben sind und hier herumlaufen?

Antwort: Wir sehen sie wie einen Schleier.

Christoph: Wenn diese Wesenheiten in der Aura eines Menschen sitzen, seht ihr sie nicht?

Antwort: Nein.

Christoph: Kann es sein, dass deswegen die Besetzungen keine Erwähnung finden, wenn Durchgaben von der feinstofflichen Welt gemacht werden?

Antwort: Sie sind nicht sichtbar.

Christoph: Wir erkennen, dass viele Menschen, die zu uns kommen, von ihren verstorbenen Ahnen besetzt sind. Oft sind sie dadurch so stark beeinträchtigt, dass sie ihr eigenes Leben gar nicht mehr richtig leben können.

Antwort: Ja. Die Menschen laufen wie im Nebel.

Christoph: Wird das von euch gar nicht wahrgenommen, wie stark viele Menschen hier unten belastet sind?

Antwort: Es ist grau wie im Nebel.

Christoph: Wir haben den Eindruck, dass ganz viele Menschen von einer Inkarnation in die nächste gehen, ohne dass sie in die Lichtwelten gegangen sind? Kann das sein?

Antwort: Wenige kommen hoch.

Christoph: Und die anderen gehen hier unten von Inkarnation zu Inkarnation ohne auszuwerten?

Antwort: Ja.

Christoph: Das bedeutet also, dass die Menschheit sehr stark in ihrer Entwicklung gehindert wird, weil die Verstorbenen nicht in den Himmel gehen?

Antwort: Ja.

Christoph: Wisst ihr um dieses Problem?

Antwort: Ja.

Christoph: Warum kommt das in Durchgaben an Menschen nicht durch? Warum wird das nicht gesagt?

Antwort: Es fragt keiner.

Christoph: Wir mussten das also jetzt entdecken, damit es verbreitet wird, weil noch keiner danach gefragt hat?

Antwort: Ja, wir helfen euch.

Christoph: Danke. Wir wissen, dass wir uns auf euch verlassen können. Wir klären die Verstorbenen auf, bis sie bereit sind, sich von Helfern in den Himmel führen zu lassen. Ist diese Bereitschaft die Voraussetzung, dass sie hochgehen können?

Antwort: Ja.

Christoph: Das heißt, dieser Beschluss muss von ihnen gefasst werden, damit ihre Willensfreiheit erhalten bleibt?

Antwort: Ja.

Christoph: In den Religionen wird manchmal erzählt, der liebe Gott holt euch. – Ich glaube, das wird er nicht tun, sonst würde er sein eigenes Programm löschen. Ist das so?

Antwort: Es ist so. Wir können niemanden hochführen, der nicht will.

Christoph: Die Verstorbenen aufzuklären ist also die Voraussetzung dafür?

Antwort: Sie haben Angst. Sie öffnen sich, wenn sie aufgeklärt werden.

Christoph: Vorher sehen sie euch noch nicht?

Antwort: Nein.

Christoph: Wenn sie nicht an das Licht glauben, dann sehen sie euch nicht?

Antwort: Nein.

Christoph: Wart ihr auch verkörperte Menschen hier auf der Erde?

Antwort: Meist nicht.

Christoph: Menschen, die von hier aus hochgegangen sind, helfen mit, aber die meisten Helfer waren nie inkarniert hier unten?

Antwort: Nein, wir bilden aus.

Christoph: In unserem Buch ist es wichtig, die Menschen darüber aufzuklären, dass es keinen Tod gibt. Sie sollten sich, wenn sie sterben, Gott oder den Lichtwelten zuwenden, um dort hin zu kommen.

Antwort: Ja, wir sind bereit, sie abzuholen.

Christoph: Wenn ein Mensch stirbt, ist dann immer ein Lichtwesen da, was ihn abholen möchte?

Antwort: Wenn wir gerufen werden.

Christoph: Wenn ihr nicht gerufen werdet, seid ihr nicht da?

Antwort: Nein.

Christoph: Wenn ein Mensch euch überhaupt nicht darum bittet – und die wenigsten wissen das – kommt ihr nicht?

Antwort: Deswegen ist die Erde grau.

Christoph: Die Erde ist grau, weil die meisten Seelen hier unten hängen geblieben sind?

Antwort: Ja.

Christoph: Weil sie im Bewusstsein des Getrenntseins von der Einheit hier unten sind?

Antwort: Ja.

Christoph: Sobald sie sich dafür öffnen und die Verbundenheit spüren, kommt Licht in ihre Aura?

Antwort: Ja.

Christoph: Ist denn nicht in jedem von uns dieser leuchtende Gottesfunke?

Antwort: Eingekapselt.

Christoph: Der ist so eingekapselt, dass das Licht nicht nach außen strahlt, bei jenen, die so abgetrennt sind?

Antwort: Ja.

Christoph: Ist der Gottesfunke unser Höheres Selbst?

Antwort: Es ist die Anbindung.

Christoph: Dann habe ich meine Fragen für heute beantwortet.

Antwort: Ihr müsst aufklären. Wir sind bereit, euch zu helfen.

Christoph: Dafür sind wir sehr dankbar. Wir wissen, dass wir uns auf euch verlassen können. Das ist die Basis unserer Arbeit.

# Anhang

# Biografische Anmerkungen zu den Autoren

**Gudrun-Anna Bauer**

Ich bin Jahrgang 1955 und wuchs in einer Kleinstadt in Nordhessen auf. Mit dem ersten familiären Todesfall war ich im Alter von vier Jahren konfrontiert, als meine Großmutter starb. Wie es damals üblich war, versuchten die Erwachsenen, es vor mir zu verbergen. Doch ich bettelte und schrie so lange, bis mich meine Mutter an das Sterbebett meiner Großmutter brachte. Ich konnte mit ihrem Tod besser umgehen als mit einer Lüge, mit der sie mich beruhigen wollte.

Bis zu meinem Teenageralter hatte ich den so genannten siebten Sinn, hatte Vorahnungen und bat Gott um Hilfe, wenn es nötig war. Das war für mich eine Selbstverständlichkeit. Doch darüber sprach ich mit niemandem. Im Erwachsenenalter verlor ich diese Fähigkeiten und führte ein „ganz normales" Leben. Ich heiratete und bekam zwei Kinder.

Nach meinem Wiedereinstieg ins Berufsleben 1986 begann ich in der Anzeigenabteilung einer Zeitung. Diese Arbeit machte mir Spaß, vor allem wegen des Publikumsverkehrs. Mein ursprünglich erlernter Beruf ist Industriekauffrau, was der Wunsch meines Vaters war. Ich selbst hatte schon früher den Wunsch, kreativ mit Menschen zu arbeiten.

Seit 1989 befasse ich mich mit dem Thema körperliche und seelische Gesundheit, weil mein eigener Körper immer wieder mein Spiegel war. Durch die Arbeit mit Menschen entdeckte ich auch mein Interesse an Psychologie. Mein persönlicher Weg der Selbsterfahrung begann mit einem zweijährigen Fernlehrgang in Praktischer Psychologie mit Diplom, welchen ich berufsbegleitend machte. Im Jahr 1992 wurde die Geschäftsstelle zwei Jahre nach dem Fall der Mauer geschlossen und in die neuen Bundesländer verlegt. Ich verlor von einem Tag auf den anderen meinen Arbeitsplatz. Nach der anfänglichen Krise über den Verlust meiner Arbeitsstelle orientierte ich mich um und machte die Ausbildungen in Integrativer Atemtherapie und Emotionaltraining. Zwischendurch nahm ich immer wieder an weiterbildenden Selbsterfahrungsseminaren teil, welche mich sehr in meinem eigenen Lernprozess unterstützten. Im Jahr 2002 lernte ich die psycho-energetische Methode kennen: die Erforschung der Ursache eines Problems über die Fingermeridiane. Dazu kamen meine medialen und hellseherischen Fähigkeiten, die ich während meiner Ausbildungszeit schon wahrnahm, aber nicht weiter beachtete. Ich sah verstorbene Verwandte während der Trauerfeier ihrer eigenen Beerdigung neben dem Sarg stehen.

Schwerpunkt meiner Arbeit ist heute die Ursachenforschung über die Fingermeridiane und das Begleiten Verstorbener in die höheren Welten, indem ich sie sehe und mit ihnen spreche. Durch meine medialen Fähigkeiten bin ich in der Lage, alle Gedanken und Gefühle der Verstorbenen wahrzunehmen, auch ohne dass sie angesprochen werden.

Daraus erhalte ich sehr wertvolle Informationen, die für die Hinterbliebenen wichtig sein können. Die Zusammenarbeit mit Christoph unterstützt mich hierin sehr, weil ich mich uneingeschränkt auf die Verstorbenen konzentrieren kann.

Seit 1995 leite ich eigene Seminare in der Erwachsenenbildung. Seit 1996 arbeite ich zusammen mit Christoph in unserer eigenen Praxis.

## Christoph Bauer

Noch während des Krieges erblickte ich 1944 das Licht der physischen Welt. Schon in der Kindheit hatte ich bewusste Begegnungen mit meinem Schutzengel. Als ich 1948 im fünften Lebensjahr mit einer lebensbedrohlichen Krankheit im Krankenhaus lag, tröstete mich mein Schutzengel an meinem Bett, bis ich auf dem Weg der Genesung war. Begeistert erzählte ich es der Krankenschwester und meiner Mutter, als sie mich besuchte. Die Reaktion war verheerend. Beide waren entsetzt und meinten, ich würde phantasieren und wohl bald sterben. Ich spürte das Unverständnis. So musste ich dieses Wissen für mich behalten.

Weil die innere Suche nach Wahrheit in der Kindheit keine Bestätigung fand, orientierte ich mich zunächst in der äußeren Welt. Nach dem Abschluss einer Handwerkslehre erarbeitete ich mir über den zweiten Bildungsweg den Zugang zum Ingenieurstudium. Die Technik interessierte mich. Es machte mir Freude herauszufinden, wie etwas funktionierte und berechnet wird. Aber zufrieden war ich damit noch nicht. Nebenbei besuchte ich Vorlesungen und Seminare in Psychologie, Soziologie und Pädagogik. Auch da fand ich noch nicht, wonach ich suchte.

Nach dem Abschluss des Ingenieurexamens studierte ich Berufspädagogik mit anschließendem Referendariat. Die Unterrichts- und Schulerfahrungen waren zwiespältig. Einerseits waren da lebendige junge Menschen und andererseits erstickende Normen und Zwänge. Mir war die Institution Schule zu eng. Deshalb gründete ich 1979 einen Handwerksbetrieb und machte mich selbständig. Die handwerkliche Arbeit half mir sehr, mich zu erden. Aber nach wie vor fehlte mir etwas.

Mein Interesse an Psychologie drängte mich zu suchen. Ich meldete mich bei einer fortlaufenden Ausbildungsgruppe für Gestalttherapie an und bekam dort Kontakt zu Literatur von Bhagwan. Die beiden Bücher über Jesus („Komm und folge mir" und „Jesus aber schwieg") waren für mich eine Offenbarung. Endlich bekam ich vernünftige Antworten auf meine inneren Fragen. Mein verschütteter kindlicher Glaube an Gott und Jesus Christus wurde wieder lebendig und konnte nun reifen. In dieser spirituellen Aufbruchstimmung begann ich, regelmäßig zu meditieren. Ausbildungen in Bioenergetik, Rebirthing, Encounter und Gesprächstherapie absolvierte ich nacheinander, während ich werktags meinen Betrieb leitete und handwerklich arbeitete.

Die großen Weltreligionen interessierten mich ebenfalls sehr. Sowohl die Autobiographie eines Yogi von Yogananda als auch die Bhagavad Gita, der Koran, die Upanischaden, Buddhismus und vieles mehr. Durch die Verbindung von Meditation und dem Studium dieser Literatur reifte in mir die Erkenntnis, dass die Grundaussagen aller Weltreligionen gleich sind. Voneinander Trennendes ist von unwissenden Menschen dazugeschrieben worden.

Ab 1983 leitete ich Selbsterfahrungsgruppen und 1985 begann ich mit Vorträgen über das Thema: Was ist Wirklichkeit? Die große Resonanz darauf ermutigte mich, damit fortzufahren. Im Frühjahr 1986 spürte ich, dass mich der Handwerksbetrieb mehr und mehr hinderte, das zu tun, worin ich meine Berufung sah. Im Juni reifte der Entschluss, den Betrieb zu verkaufen. Innerhalb von zwei Wochen war ein Käufer da. Am 30. Juni 1986 habe ich den Betrieb übergeben. Seither arbeite ich freiberuflich als Seminarleiter und Lebensberater.

Ausgelöst durch meine Meditationen befasse ich mich seit 1986 mit dem Tod und dem Leben danach. Mehrere außerkörperliche Erlebnisse während der Meditationen haben mich tiefe Erfahrungen sammeln lassen. Schon während der Seminare, die ich leitete, nahm ich wahr, dass häufig Verstorbene mit im Raum waren, die mithörten. Besonders, wenn es um Sterben, Leben nach dem Tod und Aufstieg in die Lichtwelten ging.

Gudrun-Anna lernte ich 1996 kennen. Wir arbeiteten zunächst in unserer gemeinsamen Praxis zusammen. Unsere Haupttätigkeit war die Arbeit mit dem inneren Kind.

2001 verlegten wir unseren Wohnsitz nach Niederbayern. Wir zogen in ein Haus, was unseren Anforderungen mit Praxisräumen total entsprach. Es stellte sich aber heraus, dass unter dem Haus eine acht Meter breite Wasserader hindurchging. Für mich war das ein Ansporn, meine Fühligkeit für Erdstrahlen und Wasseradern weiter auszubilden.

Durch zunehmende Praxis mit der Winkelrute merkte ich, dass ich auch nach versteckten Ursachen von Symptomen am Körper abfragen konnte. Mit dieser Methode finde ich neben anderen Ursachen Flüche, Verwünschungen und Verstorbene in der Aura von Menschen.

In unserer Zusammenarbeit stellen wir immer wieder fest, wie wichtig unsere eigene Prozessarbeit an uns selbst war und ist. Die vielen Ausbildungen und Erfahrungen, die wir hinter uns haben, geben uns die innere Festigkeit und Gelassenheit, liebevoll mit den Menschen und Situationen umzugehen. Wir sind glücklich darüber, Menschen kompetent von den äußeren Störungen befreien zu können und sie auf ihrem Weg zu sich selbst unterstützend zu begleiten. Unsere Erfahrungen sind die stabile Basis, um Menschen, die zu uns kommen, wirklich helfen zu können.

Zu dem Thema dieses Buches und zu anderen Themen bieten wir Vorträge und Seminare an. Ab 2008 beginnt die Ausbildung für interessierte Menschen, die lernen wollen, aus der inneren Führung zu leben..

Bitte beachten Sie auch die Informationen auf den nächsten Seiten.

# Lebenswerkstatt

## Gudrun-Anna und Christoph Bauer

Psycho-energetische Lebensberatung,
Vorträge, Seminare, Mediale Hellsichtigkeit,
Emotionaltraining, Atemtherapie

**Unsere Ziele sind:**
Schritte aufzuzeigen, die zu einem erfüllteren Leben führen, zu Harmonie mit sich und anderen auf geistiger, emotionaler, körperlicher und sozialer Ebene.

**Unsere Aktivitäten:**
Einzelsitzungen - Vorträge (auf Einladung auch in Ihrer Region) - Tagesseminare – Wochenendseminare – Intensivseminare - Atemseminare (Rebirthing) – Gesprächs- und Meditationsabende

**Wir bieten Einzelsitzungen mit den Themen:**
- Befreiung von Fremdeinflüssen durch Seelen Verstorbener in der Aura
- Verwünschungen, Flüche
- Glaubenssätze
- Negative Gedankenmuster
- Haus- und Grundstücksreinigung

**Beratung und Hilfe in den Bereichen:**
- Lebenskrisen und Selbstzweifel
- Partnerschaft
- Kinder und Eltern
- Arbeitsplatz/Beruf
- eigene Gesundheit
- Schlaf- und Arbeitsplatz-Untersuchung nach Wasseradern, Erdstrahlen, Elektrosmog etc....

**Wir leiten Sie an, wie Sie.....**
- in Kontakt kommen mit Ihrem wahren Wesen
- Ihre Konflikte lösen
- Ihre Beziehungen verbessern
- Ihre Heilkräfte aktivieren und sich leicht entspannen können
- eine gesunde Lebensweise finden
- lebensbejahend denken lernen

**Unsere Seminarthemen:**

**„Ist-Zustand"**
In diesem Seminar geht es um Selbstsicherheit durch Bewusstwerdung des eigenen Ist-Zustandes und die erste von drei wichtigen Fragen:
- Wo stehe ich im Moment?
- Wohin möchte ich?
- Welchen Weg muss ich gehen, um mein Ziel zu erreichen?

**„Ich weiß nicht weiter"**
**– Ich schulde meinen Träumen noch das Leben –**
In diesem Seminar geht es um eine berufliche Um- oder Neuorientierung.
- Ist das, was ich im Moment tue, noch das Richtige?
- Was ist mein Beruf/meine Berufung?
- Woher kommen meine Zweifel und meine Verunsicherung?

**„Leben aus der inneren Führung – Erkenne deine eigene Bestimmung und lebe sie!" – Das innere Kind**
In diesem Seminar geht es um drei grundlegende Schritte
1. In Kontakt kommen mit der inneren Kraft
2. Kraftvoll ins Leben gehen
3. Die Liebe sein, die wir in uns gefunden haben

**Weitere Seminarthemen:**

**Rebirthing**
Das verbundene Atmen ist eine sanfte Methode, verborgene Blockaden sichtbar zu machen und aufzulösen.

**Beeinträchtigungen von außen spürbar wahrnehmen und verändern**
Dieses Seminar festigt die Wahrnehmung nach der Befreiung von Fremdeinflüssen und Seelen Verstorbener in der Aura, damit unser Körper wieder Lebendigkeit ausstrahlt und unsere Gedanken zielgerichtet sind.

Lebenswerkstatt
Gudrun-Anna und Christoph Bauer
Augsburger Straße 28, 86157 Augsburg
Telefon: 0821-3433288
Mobil:   0160-95286437
E-mail:  bauer0809@hotmail.com

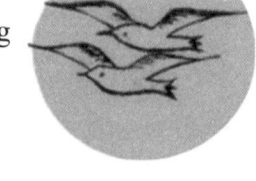

Alle aktuellen Aktivitäten finden Sie im Internet unter:
www.lebenswerkstatt-bauer.de